L'AVENIR
EST OUVERT

KARL R. POPPER
KONRAD LORENZ

L'AVENIR EST OUVERT

Entretien d'Altenberg

TEXTES DU SYMPOSIUM POPPER À VIENNE

Publié sous la direction de Franz Kreuzer

Contributions de :
Roman Sexl, Rupert Riedl, Friedrich Wallner, Paul Weingartner, Irene Papadaki, Franz Seiterberger, Marianne Fillenz, Gerhard Vollmer, W. W. Bartley III, Gerard Radnitzky, Ivan Slade, Alexandre Petrovic, Peter Michael Lingens et Norbert Leser

Traduit de l'allemand
par Jeanne Etoré

Flammarion

ISBN : 2-08-081318-8

PRÉFACE

Début de l'été 1919 à Vienne : la capitale de la monarchie effondrée est au plus profond de la crise — à peine quelques mois après un hiver de famine où la grippe espagnole a emporté des centaines de milliers de personnes dont le peintre Egon Schiele, âgé de vingt-huit ans.

Le 15 juin, dans la Hörlgasse, neuvième arrondissement de Vienne, la police ouvre le feu sur une manifestation de jeunes communistes : vingt morts, soixante-dix personnes grièvement blessées — un avant-goût de ce que seront l'incendie du palais de justice en 1927, la guerre civile en 1934.

Quelques jours auparavant, le 28 mai, à l'autre bout du monde, deux navires d'observation envoyés dans le Pacifique par des sociétés de recherches britanniques enregistrent scientifiquement un phénomène astronomique rare : une éclipse solaire totale. Ce n'est pas la première ni la dernière fois que l'on observe ce phénomène, mais il s'agit d'un groupe de chercheurs particuliers, avec une mission particulière : à l'instant précis où le disque solaire sera complètement caché par la lune, ils doivent mesurer l'angle de la lumière de la bordure du soleil sur une fraction de seconde d'arc.

Le résultat est pratiquement connu d'avance : il devrait confirmer que la lumière s'écarte très légèrement mais incontestablement de la direction prévisible selon les règles de la géométrie euclidienne. La déviation a été calculée par quelqu'un qui semble faire vaciller toute la géométrie euclidienne et la théorie de Newton reconnue depuis des siècles comme la vérité absolue en matière de sciences physiques : Albert Einstein. Inutile de dire l'issue de l'expérience : Einstein a raison, la lumière ne tombe pas en ligne droite, elle est sensiblement déviée, infléchie, par l'énorme champ de gravitation du soleil.

Un seul être met en corrélation ces deux événements du début de l'été 1919, estimant qu'ils revêtent une certaine signification l'un par rapport à l'autre — et la corrélation ne se trouve que dans la tête de ce jeune homme, le Viennois Karl Raimund Popper, à peine âgé de dix-sept ans, qui a assisté à l'affrontement avec la police viennoise et qui a d'un autre côté suivi de très près l'issue de l'observation de l'éclipse solaire.

Popper examine les prétentions de valeur absolue des dogmes politiques de son temps, et il a déjà une armature intellectuelle assez solide pour comparer ce qui se présente comme une science politique avec ce qui lui paraît être le centre du progrès scientifique : la pensée d'Albert Einstein. Dans le brasier des douloureuses expériences de jeunesse il découvre la différence essentielle entre le fanatisme politique pseudo-scientifique et la véritable scientificité : les idéologies politiques à tendance historisante — le marxisme est le premier exemple instructif qui se présente à lui ; le racisme nazi tombe directement sous le coup de sa critique, mais il ne lui accorde guère d'attention car il ne l'en juge pas digne —, s'efforcent de se soustraire à toute réfutation : elles ne mettent pas à l'épreuve leur contenu de vérité, leur exactitude ni leur utilité. Elles font au contraire tout pour interpréter le cas échéant leur réfutation comme une confirmation. La psychanalyse constitue également aux yeux de Karl Popper un système de cet ordre qui se légitime lui-même : contester la théorie du refoulement revient à se démasquer comme quelqu'un qui refoule ce qui lui est désagréable, et confirme par conséquent ce qu'il voulait précisément infirmer... Au contraire, Einstein s'expose directement à la contestation : si le jour de l'éclipse solaire totale les mesures révèlent que la lumière suit une trajectoire rectiligne, la théorie de la relativité s'effondre.

Popper rapproche ses expériences de l'année 1919 et en déduit une formule d'explication générale de notre monde telle que cinquante ans plus tard aucun ouvrage philosophique ou scientifique sérieux ne peut être imprimé sans que le nom de Popper figure dans l'index avec toute une série de renvois. Cette formule est la suivante : ce monde n'est pas un monde où l'on confirme des vérités mais où l'on réfute des erreurs. Néanmoins le monde existe, la vérité existe elle aussi ; seulement il ne peut pas y avoir de certitude concernant le monde ni la vérité : c'est le réalisme critique.

Karl Popper a exposé toute la richesse de cette pensée du 24 au 26 mai 1983 au cours d'un symposium organisé par le studio viennois de la Österreichische Rundfunk et les services culturels de la ville de Vienne en collaboration avec monsieur Friedrich Wallner de l'Institut de philosophie de l'université de Vienne devant un public dont l'enthousiasme n'a pas fléchi trois jours durant.

Prélude à ce symposium : conversation au coin du feu entre Karl Popper et Konrad Lorenz

Popper né en 1902, Lorenz en 1903, à Vienne, sont des amis de jeunesse ou plus exactement des amis d'enfance. Par la suite et au cours de leur carrière scientifique, les deux savants ont suivi des voies totalement séparées et ils se sont perdus de vue totalement. Des décennies plus tard, à l'occasion d'une rencontre scientifique, Karl Popper dut rappeler à Konrad Lorenz leur passé commun : « Mais Konrad, je suis le Karl... » La convergence notable des découvertes et des convictions auxquelles sont parvenus les deux savants au cours de leur vie n'a donc pas grand rapport avec leurs liens antérieurs, elle nous apporte une preuve flagrante de la confluence de la pensée scientifique et de la pensée philosophique en ce siècle. La conversation que Karl Popper et Konrad Lorenz eurent le 21 février 1983 au coin de la cheminée de la vieille villa des Lorenz à Altenberg devant les caméras de télévision illustre abondamment la proximité entre les univers des deux savants, mais elle révèle aussi un certain nombre de dissensions : par exemple sur la question des formes ou des hypothèses, mais plus encore sur les perspectives d'avenir de l'humanité : Lorenz met en garde, tout en se déclarant toujours prêt à l'optimisme ; Popper, qui souligne que nous ne savons rien, se déclare un interprète critique mais, pour l'essentiel, il est tout de même convaincu que notre monde est le « meilleur des mondes connus jusqu'à présent dans la difficile quête d'un monde encore meilleur ». Toutefois les deux grands hommes s'accordent sur un point : la conviction que toutes les perspectives biologiques et intellectuelles sont ouvertes. Rien n'est plus faux que la formule de Ben Akiba : « Tout a déjà existé. » C'est le contraire qui est vrai : rien n'a jamais existé.

Vienne, décembre 1983 *Franz Kreuzer*

L'AVENIR EST OUVERT

Conversation au coin du feu entre Konrad Lorenz et Karl R. Popper *

* Cet entretien animé par Franz Kreuzer s'est déroulé le 21 février 1983 chez Konrad Lorenz à Altenberg près de Vienne.

KREUZER : Messieurs, je crois qu'il faudrait souligner pour commencer l'originalité de cette conversation. Ce n'est pas un entretien, ce n'est pas une discussion, ce n'est pas une polémique, ce n'est pas non plus un débat, car il faudrait un auditoire ; c'est une conversation au coin du feu entre deux vieux amis ; je ne suis là que pour vous inciter à parler. Ce sera un dialogue entre vous.

Les motifs biographiques sont assez nombreux : deux quatre-vingtièmes anniversaires — un l'an dernier, l'autre cette année. Cela nous autorise peut-être à quelque sentimentalisme et à l'expression d'une certaine nostalgie au début de cette rencontre. S'il faut évoquer un nom, ce serait celui de Selma Lagerlöf. On sait par vos souvenirs l'importance que ses livres ont eue dans votre enfance.

LORENZ : A l'âge où nous nous sommes connus, nous jouions aux indiens. Karl s'attaquait déjà au positivisme et à l'école de Vienne, mais nous autres, nous étions encore des enfants. Dans nos jeux, nous l'appelions « visage pâle » et nous l'attachions à un arbre ; il ne s'en est jamais fâché.

Quant à Selma Lagerlöf, Karl a très joliment dit que nous avions tous deux été influencés par elle, à la seule différence qu'il est tombé amoureux de Selma Lagerlöf — et moi des oies cendrées. Ce fut effectivement, en ce qui me concerne, une période décisive. Si j'ai choisi les oies cendrées, c'est que j'étais persuadé depuis toujours que les animaux étaient aussi des êtres humains.

POPPER : Konrad m'impressionnait beaucoup : c'était un grand chef indien, intrépide. Sur le positivisme et l'école de Vienne, j'en savais tout autant que lui ou que n'importe quel autre Indien, c'est-à-dire que je ne savais rien. Selma Lagerlöf m'a beaucoup marqué, mais j'ai surtout été frappé par l'histoire du chien de chasse Karr et du jeune élan.

KREUZER : Il faut dire que c'est une très belle histoire...

POPPER : Une merveilleuse histoire d'amitié humaine. Je suis tombé amoureux de Selma Lagerlöf et je n'ai pas cessé de lire ses livres. Je ne les aimais pas tous également ; par exemple la légende de Gösta-Berling ne m'a jamais plu.

LORENZ : Je comprends...

POPPER : Son plus beau roman est sans doute *La Vie sacrée.* Elle l'a écrit pendant la Première Guerre mondiale, et c'était une extraordinaire protestation contre la guerre. D'un certain point de vue l'action est absolument atroce : le livre raconte qu'après la bataille de Skagerrak (bataille du Jutland) les cadavres sont ramenés sur la côte suédoise. Et c'est un bouleversant plaidoyer en faveur de la vie.

EN QUÊTE D'UN MONDE MEILLEUR

KREUZER : Il me semble que ces deux remarques à propos de Selma Lagerlöf traduisent des différences dans les orientations fondamentales de vos vies : d'un côté l'idée que les animaux sont aussi des êtres humains, la recherche passionnée de ce qu'ont en commun l'animal et l'homme, de l'autre un puissant engagement d'ordre moral et politique. Je ne pense pas qu'il faille retracer ici vos biographies ; nous partirons du principe qu'elles sont en majeure partie connues pour avancer un peu vers le cœur de notre sujet. Il s'agit naturellement de l'évolution, et de la théorie darwinienne. Je voudrais soulever un problème de fond, qui depuis quelques décennies occupe en priorité tous les savants dignes de ce nom : le problème de l'orthogenèse, à savoir pourquoi l'évolution est *orientée* et surtout comment s'expliquer son rythme ; car si l'évolution était uniquement le produit du hasard et de la nécessité, de la mutation et de la sélection au sens le plus simple, il n'aurait pas fallu quatre milliards d'années pour parvenir au monde vivant tel qu'il se présente sur notre planète, il en aurait fallu des centaines de milliards. En ce sens on observe quelque chose que j'appellerai le « démon lamarckien » à l'intérieur de la théorie darwinienne, l'idée qu'elle renferme un élément directeur, un facteur d'accélération, un élément structurant et créatif. Je me souviens que Popper cite Bergson et son « élan vital », et je me réfère également à Prigogine avec sa théorie de la bifurcation, ou à Manfred Eigen avec la théorie du jeu qui autorise tous les possibles. Je citerai aussi Campbell avec l'idée de la « downward causation », qui opère quelque chose « d'en haut ». Chez vous, Konrad Lorenz, c'est la « fulguration », l'illumination subite de l'horizon évolutionnel.

LORENZ : La fulguration, autrement dit l'apparition de quelque chose de radicalement nouveau, qui n'a jamais existé, est une condition *sine qua non* du rythme de l'évolution. Il faut cet élément, sans quoi l'évolution irait bien trop lentement ; il faut aussi la rétroaction de la réussite — il la faut même déjà dans l'hypercycle de Manfred Eigen. Mais ce qu'est véritablement l'essence de l'évolution supérieure, de la créativité, nous l'ignorons. Non seulement je crois qu'il ne faut pas prononcer présomptueusement le nom de Dieu, mais je crois qu'il ne faut pas le prononcer du tout. Le « daimonion » socratique serait encore la forme allusive la plus délicate. Parler de Lui en employant le pronom personnel Il, c'est déjà un blasphème. Le fait est que, d'une façon générale, l'évolution va en s'élevant. Si, faisant partie de la catégorie d'êtres vivants les plus développés jusqu'à ce jour, je considère l'évolution suivant mon inéluctable jugement de valeur, il est indéniable que les requins du dévonien sont des êtres vivants supérieurs aux trilobites du cambrien, bref que l'évolution va en s'élevant. Manfred Eigen dit que c'est un jeu de tout avec tout. La petite bulle de savon — j'aime bien employer cette image — ne monterait pas plus haut, si tout n'était pas occupé en bas. Mais la nature véritable de l'élément créatif, nous l'ignorons. Pendant de longues années, avec un grand pessimisme, je dirais même un pessimisme désespéré, j'ai cru ce que croyait Jacques Monod : que c'était l'œuvre du pur hasard. Mais ce n'est pas vrai, ce ne l'est même pas pour les processus moléculaires. Je ne comprends pas tout à fait Manfred Eigen, parce que je suis un mauvais mathématicien, mais il dit que dès le stade des molécules il se passe quelque chose qui présente curieusement un sens et une orientation. Dans l'ensemble l'évolution va vers le « haut », mais dans le détail, tout est soumis au hasard. Que brusquement un mammifère redevienne un animal aquatique, une baleine ou un dauphin, que le cours de l'évolution prenne tout d'un coup un tournant en épingle à cheveux, c'est imprévisible et inattendu. Mais la liberté réside précisément en cela. L'anthropologue Feuerbach, petit-fils du philosophe, dit : « Darwin voudrait nous faire croire que la création bafouille et engendre impromptue la nouveauté, qu'une imagination sans but crée l'élément nouveau. » Je ne peux pas suivre cette critique : c'est dans l'incertitude que réside à mes yeux le véritable facteur de liberté. Que signifie « impromptu » ? Dieu serait-il un acteur qui récite ce qu'a écrit pour lui Friedrich Schiller, ou bien est-il lui-même le poète qui fait entrer en jeu son imagination ?

KREUZER : C'est intentionnellement que je n'ai pas parlé du bon Dieu de Teilhard de Chardin mais introduit l'idée d'un « démon lamarckien » — démon de la science comme le démon de Laplace, de Loschmidt ou de Maxwell, uniquement pour définir un problème scientifique.

LORENZ : Oui, le démon de Maxwell sait tout de toutes les molécules. Mais mon ami Sexl, chercheur en physique théorique, me dit que les imprévisibilités des processus moléculaires sont déjà si fortes au niveau macroscopique des boules de billard que dès le septième choc on ne peut pas prédire dans quelle direction s'orientera la boule. C'est comme ça les démons. Ils savent des choses que nous ne pouvons pas savoir. Et c'est déterminant.

KREUZER : La question fondamentale reste pourtant de savoir comment la nécessité de la simple répétition et le hasard, qui n'est qu'une erreur, autrement dit deux processus dépourvus d'intelligence peuvent faire naître l'ardeur impétueuse de la vie et de l'esprit ?

LORENZ : Je voudrais bien le savoir, moi aussi.

KREUZER : D'où vient l'élément créatif ?

POPPER : Je voudrais d'abord dire une chose à Konrad Lorenz : j'ai relu ces derniers jours *L'Envers du miroir* et j'ai été étonné du nombre de points sur lesquels nous tombons tous les deux d'accord. Même sur tout ce que tu viens de dire à l'instant, Konrad, je t'approuve. La vie cherche un monde meilleur. Chaque être vivant pris isolément cherche un monde meilleur ou cherche tout au moins à s'arrêter ou à ralentir son déplacement là où le monde est meilleur. Et cela va de l'amibe jusqu'à nous. Notre désir, notre espoir, notre utopie sont toujours la découverte d'un monde idéal. C'est en quelque sorte inscrit en nous par une sélection darwinienne. Et il ne faut pas laisser cela de côté. Il n'est tout simplement pas vrai que nous soyons « modelés » par l'environnement. Nous *recherchons* un environnement et nous le *modelons, activement.* Le gène nu a recherché un environnement de protéines et s'en est fait un manteau qui constitue pour l'essentiel son monde meilleur. Il en va de même de nous, lorsque nous revêtons un blouson de cuir ou une veste de laine. Nous cherchons constamment à réformer et à modifier notre environnement immédiat, notre environnement plus lointain et enfin le monde entier. Notre volonté joue donc un rôle capital dans le cours de l'histoire. Ce serait sans doute la réponse que je donnerais à votre question sur la créativité. Mais je tiens à souligner aussi que *je ne sais rien*. Tu as évoqué le « daimonion » de Socrate, je voudrais pour ma part me référer à Socrate comme à celui qui ne sait rien, l'homme qui a su qu'il ne savait rien. Nous ne savons véritablement rien et même ce que je viens d'avancer maintenant est une pure supposition, je dirais toutefois qu'il ne faut pas sous-estimer le rôle de l'être vivant en quête d'un monde meilleur. Nous sommes des êtres qui cherchent, la vie est sceptique — du grec examiner, chercher — dès le départ. Elle n'est jamais tout à fait satisfaite des conditions qui sont les siennes. Et elle est audacieuse dans ses aventures.

LA VIE EST AVENTURE, LA VIE EST RISQUE

KREUZER : La quête d'un monde meilleur : est-ce là l'explication de l'existence d'un élément créatif, du fait que quelque chose agit « d'en haut », à savoir les données du système, qui déterminent l'orientation de l'évolution ?

LORENZ : Je dirais plutôt quelque chose qui agit *apparemment* d'en haut. En vérité l'univers tout entier est constitué d'emblée de telle sorte qu'il y a au moins la possibilité d'agir, de « vouloir » comme vient de le dire Karl. Il est faux de prétendre que la vie se livre stupidement à des essais dans tous les sens et qu'elle évolue malgré tout vers un stade supérieur, en tout cas cela fait une impression fausse. Il est bien plus clair et, d'un point de vue humain, bien plus juste de dire que la vie est un processus de quête de connaissance. Nous avons intitulé notre entretien télévisé « Vivre c'est apprendre ». La vie est ainsi faite, par la sélection — on peut le dire sans s'éloigner en aucune manière de Darwin — qu'elle assimile, qu'elle enregistre, pour employer un terme de cybernétique, à l'intérieur du système vivant des données sur son environnement. Il se forme à l'intérieur de l'organisme une image de plus en plus complète de l'environnement, et ce par une méthode d'essai *active*. L'activité caractéristique du vivant est non pas l'attente passive mais l'essai permanent. La vie entreprend quelque chose, elle assume un risque. Que ce risque puisse paraître une erreur ne change rien à l'affaire. La vie prend des risques, elle tente des expériences. Une grande firme d'industrie chimique investit aussi une part importante de ses bénéfices bruts en travail de laboratoire parce qu'elle sait à coup sûr que ce sera rentable. C'est l'un des processus qui font que l'évolution se déroule au rythme où elle se déroule ; sinon les quelques millions d'années que nous concèdent les radiologues n'auraient jamais suffi.

POPPER : Je me rallierais parfaitement à tout cela excepté à la formule « à coup sûr ». Le risque reste toujours un risque.

LORENZ : Je retire « à coup sûr ». Disons avec une grande probabilité ou avec une probabilité suffisante. Tu as tout à fait raison.

POPPER : Le risque existe et, pour finir, il est vraisemblable, il faut bien le dire, que la vie redisparaîtra. Il ne peut pas être question de certitude. Nous devons tous mourir, et peut-être que la vie doit mourir, elle aussi.

LORENZ : La disposition à courir un risque est indissociable de la quête du monde idéal. Néanmoins tout dépend des sollicitations de l'environnement. La vie recherche des problèmes, et l'offre de problèmes est importante pour la réussite ; le manque de problèmes peut entraîner une stagnation. C'est ce dont témoignent les « fossiles vivants », les êtres vivants qui n'ont pas changé depuis des millions d'années parce qu'ils vivent dans la niche écologique qui leur convient le mieux et qu'ils n'ont donc eu aucune raison de changer. Sur les prairies d'Altenberg, il y a un crustacé dont les œufs peuvent rester à sec jusqu'à trente années durant. Ils « attendent » une année particulièrement humide. Comment l'œuf sait-il qu'au bout de plusieurs décennies d'attente, il y aura forcément une inondation ? C'est mystérieux. Cet animal a existé en 1909, il est réapparu en 1928 et une fois pendant la guerre — je ne sais pas exactement quand parce que j'étais soldat. Et on peut remonter l'histoire de ce même crustacé jusqu'aux couches du trias. Manifestement, il a trouvé en des temps immémoriaux un milieu dans lequel il est resté sans concurrence. C'est pourquoi il est resté tel qu'il est encore aujourd'hui. On voit donc bien qu'il faut le jeu de multiples composantes pour que l'évolution progresse ; et il faut que dans chaque catégorie les niches écologiques inférieures soient occupées pour que la vie soit forcée de chercher et de trouver des niches supérieures, plus complexes.

Lorsque nous employons le terme « supérieur », nous ne devons pas oublier que notre cerveau, qui porte ces jugements de valeur, est lui-même un produit de l'évolution. L'échelle des valeurs humaines correspond au processus de l'évolution dans la mesure où se déroule à l'intérieur de notre cerveau comme dans le monde extérieur un jeu de tout avec tout.

La notion de supériorité suppose nécessairement quelque chose d'imprévisible qui s'oriente spontanément vers autre chose, curieusement toutefois en général vers le « haut ». Il en est objectivement ainsi dans l'évolution du vivant et subjectivement ainsi dans notre sens des valeurs.

Les niches, non pas découvertes, mais inventées

KREUZER : Konrad Lorenz, vous avez eu la gentillesse de rappeler le titre de notre entretien de 1981 : « Vivre c'est apprendre ». Des entretiens que j'ai pu avoir avant et après cette date avec Karl Popper, j'ai retiré l'impression qu'il y avait là certes non pas une opposition mais une différence qui méritait une explication. Pour moi, ce que j'ai lu de Karl Popper ou ce que je lui ai entendu dire signifiait : « Vivre c'est enseigner », forger des théories, des hypothèses, des dogmes et des doctrines et en vérifier la validité. Il me semblerait très utile que puisse être établi au cours de cette conversation s'il y a véritablement là une opposition ou si une formule est conciliable avec l'autre, peut se ramener à l'autre.

POPPER : Je le répète, dès le départ, sans doute sous l'effet de la sélection darwinienne, la vie recherche un monde meilleur. Konrad, tu as parlé de niches écologiques. C'est aussi l'une de mes expressions favorites. Je te critiquerais seulement sur un point : tu parles de niches écologiques « occupées ». On dirait que les niches écologiques existent par avance. Or ce n'est pas le cas. C'est la vie qui les invente.

LORENZ : Tout à fait juste.

POPPER : Tout peut être donné par avance. Mais seule la vie fait que tout cela devient une niche écologique. La vie espère, la vie travaille, comme si elle portait en elle un espoir de trouver un monde meilleur, de meilleures niches écologiques. Les plantes et les animaux sont prêts à risquer l'aventure d'une nouvelle niche écologique. Et ceux qui prennent cette initiative accèdent par la sélection à un niveau supérieur.

LORENZ : C'est juste.

POPPER : Les êtres vivants dénués d'initiative, de curiosité, d'imagination doivent se disputer les niches écologiques occupées ; ceux qui au contraire exercent leur esprit d'initiative ont à leur disposition les niches écologiques qu'ils inventent. Et ce qu'il y a d'intéressant, c'est que dès le départ les niches écologiques sont construites par les êtres vivants. Je voudrais du reste émettre une petite remarque à ce propos : à mon avis on parle beaucoup trop d' « aliénation ». Je dirais que la vie elle-même cherche constamment l'aliénation. Elle s'arrache constamment à sa niche écologique naturelle en se précipitant dans l'aventure d'un nouveau milieu. Lorsque le gène invente une membrane ou lorsque nous mettons un manteau c'est un phénomène d'aliénation par rapport à la nudité. Je tiens le discours sur l'aliénation pour un discours dangereux et ridicule. Il s'agit tout simplement de l'aventure du vivant qui cherche un cadre nouveau et étranger, et qui s'y risque. Cela joue un rôle capital dans l'évolution vers un stade supérieur mais n'explique pas entièrement l'évolution vers ce stade ; c'est un élément qui y joue un rôle décisif.

KEUZER : Konrad Lorenz, vous avez bien dit qu'il n'y avait rien de plus absurde que la formule de Ben Akiba : « Tout a déjà existé. »

LORENZ : Oui, je dis au contraire : rien n'a jamais existé.

POPPER : C'est tout à fait vrai.

LORENZ : Tu viens de m'ouvrir une perspective. Avec l'idée que l'être vivant qui prend un risque au-delà du niveau de l'adaptation parvient à un étage supérieur si sa démarche est couronnée de succès. C'est vraiment une pensée nouvelle pour moi que j'aurais retirée de cette conversation et qui me paraît de la plus haute importance. L'exemple qui me vient à l'esprit est celui du franchissement des fentes de rocher dans la mer. Il est très facile de concevoir un animal qui vit à l'aise dans ces fentes. C'est le cas des étoiles ou des escargots de mer. D'un autre côté, il est facile de concevoir un animal qui nage très vite, je songe aux chétognathes. Mais si l'on cherche un animal qui se trouve bien dans les fentes, qui en apprenne par cœur la configuration, mais qui sache aussi nager vite, il faut monter jusqu'aux poissons de récifs coralliens les plus élaborés : le problème des fentes de rocher n'est véritablement surmonté qu'à l'étage supérieur.

Je suis donc bien d'accord avec toi pour dire que chaque être vivant *se construit* sa niche écologique, et ce parmi toutes les autres. Et lorsque tu dis que celui qui prend un risque parvient un étage au-dessus, c'est tout à fait en accord avec mon sentiment qu'un être vivant doit inventer quelque chose de nouveau et prendre un certain risque, un risque d'autant plus élevé qu'il vise plus haut.

POPPER : C'est pour ça que j'ai protesté tout à l'heure contre le « à coup sûr ».

LORENZ : Tu as eu parfaitement raison.

APPRENDRE : METTRE EN LUMIÈRE — LAISSER DANS L'OMBRE

KEUZER : La vie est donc une aventure. Elle prend des risques pour accéder à de nouvelles possibilités. Mais que signifie « apprendre » ? N'est-ce pas en l'occurrence synonyme de « formuler des enseignements » ? Concevoir des dogmes, des doctrines, des théories, des hypothèses, pour les vérifier sur le monde extérieur ?

LORENZ : Sur le plan conceptuel, notre titre se définissait très largement, « Vivre c'est apprendre » : acquérir de l'information. Et l'apprentissage d'un animal par le « conditionnement », autrement dit l'adaptation, est bien évidemment de toute autre nature que l'apprentissage de l'expérimentateur qui émet une hypothèse plus ou moins inventive, pour s'efforcer ensuite de la vérifier. Ce n'est pas sans rapport avec le problème de l'induction qui demeure pendant entre nous. Peut-être aurons-nous l'occasion d'y revenir par la suite...

KEUZER : Je crois que nous sommes déjà en train d'en parler...

LORENZ : Dans le fond, je ne pense pas que nos positions sur ce point soient si éloignées. Il me semble que certaines connaissances mûrissent inconsciemment, précisément parce que les êtres pensants que nous sommes ont énormément de choses en commun. Les nouvelles connaissances se développent souterrainement comme le mycélium des champignons, et ensuite quelque chose sort de terre à différents endroits.

POPPER : Il y a deux modes d'apprentissage radicalement différents. L'un est l'aventure, l'acquisition d'un élément nouveau, l'autre est l'effort pour refouler en quelque sorte dans son inconscient ce que l'on a appris. Quand tu conduis tu apprends à oublier ce que tu as appris, pour faire attention à la route, puis tu ne fais attention *qu'à* la route et tout le reste va de soi. Pour jouer du piano, au début, tu as un mal fou à coordonner les doigts et les notes, tu apprends une chose nouvelle. Mais une fois que tu as acquis cet élément nouveau, tu t'efforces de te concentrer exclusivement sur l'essentiel : l'idée du compositeur.

LORENZ : Oui.

POPPER : Il y a donc deux stades tout à fait différents de l'apprentissage : le premier est celui de l'aventure, du chercheur, de l'inventeur, l'autre est l'apprentissage par cœur, pour se débarrasser de quelque chose, l'enfouir dans l'inconscient ! La psychologie de l'apprentissage ne tient compte malheureusement que du deuxième mode d'apprentissage, l'apprentissage par répétition, qui n'a aucun intérêt, et elle fait comme si c'était le seul. Or, pour répondre à la question que tu viens d'évoquer, toute la théorie de l'induction se fonde sur cette erreur de la psychologie de l'apprentissage. La répétition ne joue aucun rôle dans la découverte, elle n'intervient que « pour oublier ». La répétition nous sert à automatiser un processus, pour qu'il ne nous embarrasse plus, que nous n'ayons plus besoin d'y accorder d'attention. Il y a une incroyable différence entre l'apprentissage par la méthode d'essai et d'erreur, qui est toujours une aventure, et l'apprentissage par répétition, qui ne conduit jamais à rien de nouveau, mais permet simplement « d'oublier » ce que l'on a appris, autrement dit de le refouler dans l'inconscient.

LORENZ : Je dirais qu'il l'arrête, qu'il le fixe ; oui, je suis parfaitement d'accord avec ça. En ce qui concerne l'expérimentation, il faut préciser que tout le processus d'adaptation du vivant commence par l'expérience. L'apprentissage par répétition, pour reprendre ta formule, est au contraire un processus d'enregistrement d'information. Le savoir acquis est repoussé dans l'inconscient pour décharger l'esprit expérimentateur ; nous n'en sommes pas moins dépendants de ce savoir refoulé dans l'inconscient et complètement mécanisé, car il est la condition de la liberté dont nous faisons usage « d'en haut ». Toute expérience repose sur des structures, or une structure n'acquiert sa capacité de soutien qu'au prix du sacrifice d'un certain degré de liberté. Un ver peut se tordre dans tous les sens, nous ne pouvons au contraire nous plier qu'aux endroits où sont prévues des articulations ;

mais nous nous tenons debout, alors que le ver en est incapable. Dans les fonctions supérieures de l'intellect, les processus automatisés jouent un rôle très important parce qu'ils sont la condition de la pensée libre et de la perception des formes.

POPPER : Par exemple, la table de multiplication, comme condition du calcul.

LORENZ : Effectivement, la table de multiplication est une condition nécessaire.

POPPER : Mais on ne peut pas dire pour autant que nous apprenions la table de multiplication par induction. Il y a là vraiment un malentendu...

LES HYPOTHÈSES SONT DES FORMES ; LES FORMES SONT DES HYPOTHÈSES

LORENZ : Non, tu ne peux pas dire ça, mais c'est par induction que tu vois mon nez, grâce à la perception des formes. La perception des formes est un ordinateur capable de traiter une foule de données. Et de les traiter inconsciemment. C'est ce qu'Egon Brunswick a appelé les processus ratio-morphes. Ce que Karl Bühler appelle les fonctions d'abstraction de la perception qui tirent d'une somme de données une certaine qualité d'expérience vécue. Tu ne me reconnais pas à la forme de mon nez, tu me reconnais d'après l'impression générale que ta perception des formes a inconsciemment élaborée et qui te dit : c'est Konrad qui est assis devant moi.

POPPER : Et cela nous amène à un nouveau problème, le problème de la forme. A mes yeux, la perception d'une forme est pour l'essentiel la même chose qu'une hypothèse. Lorsque je te vois et que je me dis : c'est Konrad qui est assis devant moi, cela correspond à une attente. Et la notion d'attente est de la plus haute importance pour moi. Je vois dans l'attente, l'attitude de l'animal qui anticipe sur ce qui va arriver, le début d'une hypothèse, l'amorce de la théorie. Par exemple, lorsque je vois là un siège, je m'attends à ce que l'on puisse s'y asseoir. C'est en quelque sorte la raison pour laquelle j'interprète une forme, la forme du siège, comme une hypothèse. Les représentants de la *Gestaltpsychologie* ont tout à fait tort à mes yeux lorsqu'ils disent que les hypothèses sont des formes. Bien sûr, les hypothèses sont *aussi* des formes, mais l'important c'est qu'elles sont des hypothèses et qu'elles traduisent une attente. Il est bien plus significatif de dire que *les formes sont des hypothèses.* Elles le sont dans la mesure où elles représentent des attentes qui nous informent sur le monde extérieur, nous informent de façon toujours plus aléatoire et très souvent mal.

La démarche n'est pas forcément claire dès le départ, il s'en faut de beaucoup. Ne t'est-il jamais arrivé ce qui m'arrive constamment ? : tu formules deux idées, que tu n'avais pas du tout reliées entre elles, et tu t'aperçois brusquement qu'elles sont liées de la façon la plus essentielle. On vit aussi cela parfois comme un *Aha-Erlebnis,* une révélation, la perception d'une forme : une forme restée cachée pendant des années.

LORENZ : C'est tout à fait juste. Et c'est à mes yeux l'exemple type de la fulguration : que deux systèmes qui se sont développés jusqu'alors indépendamment l'un de l'autre s'imbriquent tout à coup l'un dans l'autre pour former un nouveau système doté de propriétés qui n'avaient jamais existé. Cela se produit naturellement dans la conception d'hypothèses intellectuelles et, en fait, il ne s'agit pas là d'une forme. C'est un type de fulguration, on pourrait dire qu'il s'agit de deux formes dont la corrélation me devient brusquement évidente.

POPPER : Ensuite, on y voit une forme, mais ce n'en était pas une.

LORENZ : Ce n'en était pas une auparavant. Là je suis entièrement d'accord.

KREUZER : Et est-ce qu'il n'intervient là aucune induction, pour reprendre le terme de discorde ? Le processus dans ce sens n'est-il pas créatif plutôt qu'inductif ?

LORENZ : Il s'agit en l'occurrence d'une création nouvelle. C'est l'étincelle. L'information est en dessous. De même que dans la conduite automobile, il y a toute une infrastructure très rigide. Si l'on passe brusquement d'une voiture avec changement de vitesse au plancher à une voiture avec changement de vitesse au volant, on se trompe de geste.

KREUZER : Poursuivant ce raisonnement jusqu'au bout on peut en arriver à la conclusion à laquelle aboutit Karl Popper, à savoir que l'induction — l'apprentissage par éléments isolés — n'existe pas.

LORENZ : Je dirais qu'elle n'existe que dans l'inconscient. C'est en rapport, comme nous venons de le voir, avec la perception des formes. Le cerveau réunit des informations et accumule un incroyable nombre de données sur un fond de bruit indifférencié. Jusqu'à ce que la structure se dégage brusquement du fond ; et cela se produit tout à fait inconsciemment.

POPPER : Écoute, on peut tout appeler induction. Mais ce que tu es en train de décrire me paraîtrait plutôt un travail du subconscient, quelque chose qui vient *de l'intérieur,* non pas de la répétition, et donc, pas d'une induction. L'idée de l'induction est en définitive la suivante — et je précise que je décris là quelque chose que je tiens pour faux du commencement jusqu'à la fin — : tout savoir nous vient de nos organes des sens, c'est le principe de base. Et lorsque les mêmes effets ont agi pendant très longtemps et *très fréquemment* sur les organes sensoriels, nous émettons une hypothèse généralisatrice. Telle est la doctrine de l'induction, sur le plan psychologique. Mais sur le plan logique, la thèse est erronée aussi : les partisans de l'induction affirment qu'il y a d'un côté la déduction : sur des prémisses établies, la déduction te donne une conclusion *certaine :* et puis il y a processus d'induction : l'induction réside en ceci que nous disposons de nombreuses prémisses et que nous n'obtenons donc qu'une conclusion *vraisemblable.* C'est également faux. La théorie de l'induction est donc aussi fausse du point de vue psychologique que du point de vue logique. On peut montrer que l'apprentissage nous conduit toujours vers quelque chose de plus invraisemblable et non pas toujours vers quelque chose de plus vraisemblable. C'est pourquoi toute l'idée de la conclusion vraisemblable est une erreur. Il y a des conclusions déductives et, même dans la théorie de la vraisemblance, il n'y a jamais que des conclusions déductives ; plus quelque chose devient vraisemblable au sens de la théorie de la vraisemblance plus cela devient creux et inintéressant. *Seul l'invraisemblable est intéressant.* La nouveauté est toujours totalement invraisemblable. L'hypothèse que nous créons de toutes pièces se situe en quelque sorte au degré zéro de vraisemblance. Il n'y a donc pas la moindre induction, mais uniquement des découvertes risquées. Les hypothèses hasardeuses peuvent être réfutées par sélection. Sur ce point, nous ne sommes pas si éloignés l'un de l'autre : tu as dit toi-même que nous réfutions une de nos hypothèses tous les matins au petit déjeuner. Bien sûr, nous n'aimons pas faire ça, éliminer nos hypothèses ! Mais nous préférons encore les éliminer nous-mêmes que les laisser éliminer par d'autres.

LORENZ : Je suis persuadé que ton argumentation logique est inattaquable. Pourtant je voudrais donner un exemple de problème qui montre bien que la connaissance peut naître d'une foule d'informations isolées. Je connais vingt-cinq espèces de perches d'Amérique du Nord. Et puis voilà qu'arrivant en Floride, je découvre un tout petit poisson qui a une tout autre allure et que je prends tout d'abord pour un cyprinodontidé parce qu'il a des nageoires dorsales arrondies sans épines. Mais brusquement quelque chose me fait très mal, j'en ai presque un malaise et, brusquement, je me rends compte : ce n'est pas un cyprinodontidé, c'est une perche ! Je viens de procéder instantanément à une généralisation, exacte en l'occurrence, notons-le bien ! Ce genre de généralisation peut aussi tomber mal. Mais comment y suis-je parvenu ? Il a fallu que je fasse abstraction de la nageoire dorsale épineuse, de la grande gueule, etc., pour identifier néanmoins une perche. Je l'ai pu de toute évidence uniquement parce que j'avais emmagasiné en moi des centaines et des centaines d'informations sur vingt-cinq espèces de perches. Et que s'est-il passé ? Cet incroyable nombre d'informations m'a permis d'identifier malgré tout comme faisant partie de la catégorie un sujet marginal.

KREUZER : Mais, n'est-ce pas un processus relevant au plus haut degré de la conceptualisation théorique qui est exactement le contraire de l'induction ?

LORENZ : J'ose affirmer qu'il est très rare que j'invente une hypothèse de toutes pièces, et je crois que ce processus de stockage d'informations est indispensable pour mettre sur pied une hypothèse.

POPPER : Comme tu dis, il faut avoir une énorme quantité d'informations sur le sujet, autrement dit, il faut avoir fait un nombre incroyable d'erreurs et les avoir corrigées — par exemple celle que tu viens de dénoncer à l'instant, qui avait consisté à prendre d'abord ce petit poisson pour autre chose — pour te rendre compte après coup que c'était quand même une perche ! Il faut avoir ce que l'on appelle de l'expérience. Et l'expérience consiste essentiellement à faire beaucoup d'erreurs et à les rectifier ; il faut être passé par ces erreurs. En d'autres termes, les essais et les erreurs font l'expérience.

KREUZER : Ce que dit Ernst Gombrich à cet égard me paraît tout à fait important. Il attire l'attention sur le fait que même notre langage établit très nettement la distinction entre des mots comme *regarder* et *voir*, *écouter* et *entendre*. Et cette distinction n'est pas sans évoquer celle entre *chercher* et *trouver*. Le langage sait que le monde ne pénètre pas en nous par l'intermédiaire de la vision mais que notre regard va vers lui.

POPPER : Le fondement de la théorie de l'induction est le suivant : nous apprenons par l'intermédiaire d'une information qui vient de l'extérieur. Le fondement de ma critique de l'induction est le suivant : nous apprenons par une activité qui nous est innée, par une foule de structures qui nous sont innées et que nous avons la faculté de développer ; *nous apprenons activement.* C'est l'essentiel. L'induction nous rend passifs, la répétition transfère les choses de notre esprit en éveil dans notre subconscient. Le véritable apprentissage n'est pas inductif, c'est toujours une démarche d'essai et d'erreur entreprise avec la plus grande activité dont nous soyons capables.

A PRIORI, A POSTERIORI, ANCIEN ET NOUVEAU

LORENZ : Dès le début des années quarante, j'ai dit : ce que Kant appelle l'*a priori* est autant de théories génétiquement fixées. La substantialité, la causalité, etc., tout cela ne correspond à rien en réalité. Ce sont des casiers dans lesquels nous devons, bon gré, mal gré, faire entrer les résultats de notre exploration. Et tu as dit un jour que l'œil en tant que tel constituait déjà une théorie : la théorie selon laquelle la lumière présentait telle et telle caractéristiques.

En tant que théoricien évolutionniste de la connaissance, je ne m'étonne pas du caractère monstrueusement grossier et approximatif de ces théories. Et si maintenant tu définis l'induction comme ce dont on fait l'expérience ultérieurement, ce qui n'est pas inné, l'induction n'existe véritablement pas. Toute expérience est déterminée par le patrimoine héréditaire : parce que nous avons dans le cerveau tant et tant de théories, je dis bien de théories, dont nous ne pouvons nous détacher. Elles présentent toutes un certain nombre de structures assurant à la fois une fonction de soutien et de limitation du degré de liberté. C'est pourquoi je ne m'étonne pas, par exemple, lorsque notre collègue Sexl nous explique que l'électron a la propriété de pouvoir être à deux endroits à la fois. Et que, tantôt il jette un coup d'œil dans ma vie sous forme de corpuscule, tantôt sous forme d'onde.

KREUZER : Les spectateurs, auditeurs ou lecteurs attentifs ont le droit de réclamer que l'on prenne position sur les contradictions qu'ils ont pu remarquer. Ici, en ce qui concerne l'assimilation de l'*a priori* kantien à l'*a posteriori* de l'histoire de la création — ce que nous trouvons à l'intérieur de notre organisme autrement dit dans notre génome est déjà un produit d'apprentissage de l'évolution —, on observe en tout cas des différences de vocabulaire qui pourraient bien cacher des différences d'opinion. De votre côté, Karl Popper, vous n'êtes pas satisfait de l'assimilation de l'*a priori* à l'*a posteriori*. A vos yeux, ces notions représentent aussi quelque chose d'autre.

POPPER : Ce ne sont pas les termes qui m'importent mais mon idée que les *a priori*, aussi bien dans la vie du sujet individuel que dans l'évolution de l'espèce, sont des hypothèses projetées sur le monde ; ils ne sont en aucun cas passivement acquis.

LORENZ : Je ne vois là aucune contradiction ; je viens de dire dans le même sens que l'œil, et la vision tout entière, étaient une hypothèse, une théorie. Cela vaut aussi pour les autres sens et pour les formes de la pensée.

POPPER : Je dirais pour ma part que *toutes les hypothèses, toutes les théories, sont* a priori *par leur origine, par leur formation,* qu'elles soient émises tôt ou tard, autrement dit qu'elles fassent partie intégrante de l'histoire de l'espèce ou de notre vie individuelle. Il faut simplement établir clairement que *Kant s'est trompé en prétendant que tout ce qui était* a priori *était nécessairement vrai.* Les *a priori* sont des hypothèses : ils peuvent donc être *faux.* Prenons un exemple caractéristique : un enfant nouveau-né s'attend à ce que l'on prenne soin de lui. Ce peut être une erreur tragique, et l'enfant périt. Il y a certes de bonnes raisons pour que cet *a priori* soit ancré dans le génome, mais aucune garantie que cette attente soit satisfaite. Les théories nouvelles sont des inventions.

LORENZ : Dès 1942, en écrivant sur Kant, je soulignais que le grand mérite des fondateurs de la physique moderne avait été d'écarter tout simplement comme des hypothèses humaines ordinaires les catégories dépassées, comme l'espace, le temps ou la causalité, pour les remplacer par des concepts nouveaux ou par la statistique, sans la moindre référence à une théorie évolutionniste de la connaissance.

KREUZER : Me permettriez-vous de m'attarder sur le sujet *a priori — a posteriori ?* Là non plus pas d'opposition entre vous.

LE CERVEAU FAIT LE LANGAGE, LE LANGAGE FAIT LE CERVEAU

LORENZ : Aucune différence, en tout cas sur le principe. Cette conception de l'*a priori* et de l'*a posteriori* ne fournit pas seulement un terrain d'entente avec la physique moderne, par exemple la physique des particules, les ondes, elle détermine aussi ma position sur le problème corps-esprit. Lorsque je dis : « Karl Popper est assis là », je ne veux pas parler seulement de ta réalité physiologique, pas non plus de ta faculté d'expérience subjective, à laquelle je suis forcé de croire, mais sans aucun doute de l'unité des deux. Et cette originalité de l'évidence du « toi », l'aspect visible de l'unité du corps et de l'âme est aussi contraignante à mes yeux que « deux et deux font quatre ». C'est pourquoi je ne reconnais pas la légitimité du parallélisme psychophysique, et je m'attache à l'identité du corps et de l'âme avec tout ce qu'elle implique.

POPPER : Sur ce point nous avons vraiment une sérieuse opposition. Si tu entends par identité que le corps et l'âme sont en quelque sorte inséparables, je suis d'accord avec toi. Mais il y a actuellement une philosophie de l'identité, purement matérialiste. Autrement dit, la philosophie actuelle de l'identité proclame en résumé que la vie psychique n'existe pas.

LORENZ : C'est une absurdité.

POPPER : Justement. Dans cette mesure je tiens à préciser que la philosophie de l'identité est moniste. Je suis trialiste. Non pas dualiste, mais trialiste. Je prétends non seulement qu'il existe un corps et un esprit au sens où, par exemple, nous sommes actuellement bien éveillés, mais qu'il nous arrive aussi de dormir, et que notre psychisme joue alors un tout autre rôle que lorsque nous sommes éveillés, mais je prétends aussi que notre langage, notre écriture créent une troisième entité, celle des produits de notre activité intellectuelle. Ces produits ont un *feedback,* une rétroaction si forte sur notre psychisme que c'est ce qui constitue la principale différence entre le psychisme humain et le psychisme animal. L'esprit humain dépend au moins à 95 % de ses produits. Je retire ce « 95 % », en fait, il est radicalement impossible de savoir jusqu'à quel point nous sommes dépendants de ces produits, par exemple de notre langage, surtout de notre langage, mais aussi de ce que nous écrivons, publions, lisons...

LORENZ : L'esprit humain est un phénomène collectif, il ne peut pas se concevoir individuellement.

KREUZER : L'esprit humain serait un produit rétroactif de ce que Karl Popper appelle le monde trois, à savoir le monde des produits de notre esprit. L'esprit se forme par rétroaction : le cerveau fait le langage, le langage fait le cerveau, et les deux réunis font cette entité supérieure qu'est la conscience de soi.

LORENZ : Bien sûr.

La pensée commence avec le mensonge

Popper : Là encore, il me semble qu'intervient la théorie du langage de Bühler. C'est une chose très curieuse. Bühler a formulé sa théorie du langage dans un texte de 1918, un texte publié si je ne me trompe dans le « Indogermanisches Jahrbuch » (almanach indogermanique). Et il ne l'a jamais mieux exposée. Bühler a été ton maître comme le mien. Bühler nous lie. Pourtant, il y a une différence dans la formulation des choses. Bühler distingue trois stades de l'évolution du langage. Dès lors qu'un animal ou une plante bouge, ce mouvement *exprime* un état intérieur. Le langage se comporte en l'occurrence un peu comme un thermomètre : quand quelque chose monte, il indique cette « montée ». Vient ensuite la fonction de signal, la fonction de déclencheur : l'autre réagit à l'expression. Et le troisième stade est, d'après Bühler, celui de la description de situations, de rapports, d'états de faits : c'est le stade du langage humain. Presque tous les théoriciens du langage s'en tiennent au domaine de l'expression. Ils traitent presque tous exclusivement du langage comme mode d'expression. Peu d'entre eux vont jusqu'à la fonction de déclencheur, et aucun à celle de représentation, stade où se pose effectivement le *problème de la vérité*. J'estime que c'est un domaine extraordinairement important et extraordinairement intéressant. Et c'est vraiment là que l'esprit humain prend sa source : dans la rétroaction avec le langage. Toi aussi tu écris dans ton livre que c'est un très grand pas en avant ; tu parles à juste titre des deux grands pas en avant que sont l'apparition de la vie et l'apparition de l'homme. Et c'est tout à fait en accord avec ton idée que l'apparition de l'homme et le rapide développement du cerveau sont liés au langage.

LORENZ : La pensée conceptuelle est indubitablement allée de pair avec le langage.

POPPER : Pardonne-moi de t'interrompre. Je n'aime pas le concept de « concept », je n'aime pas non plus le concept de « symbole », et je n'aime pas que l'on parle de « pensée conceptuelle ». Je pense que le concept est un simple moyen pour parvenir au but. Le but est la *représentation* et la *vérité* : la représentation de *propositions qui sont vraies*. Le concept n'est pas vrai, un symbole non plus. Cela vaut pour le langage humain et peut-être aussi pour le langage des abeilles.

LORENZ : C'est vrai, enfin peut-être. C'est une question délicate. L'abeille représente quelque chose, mais elle ne le sait pas. Du point de vue du sujet c'est strictement de l'ordre de l'expression. Et le fait que l'autre abeille comprenne est une hypothèse inscrite dans l'organisme. C'est une communication sans compréhension, par échange d'expressions. Mais je suis bien d'accord avec toi que le concept n'est qu'un moyen de parvenir à un but.

POPPER : Même les mots ne sont qu'un moyen de parvenir à un but.

LORENZ : Je suis bien d'accord avec toi en ce qui concerne le symbole, en ce qui concerne le concept, seulement, je ne sais pas ce que je dois dire à la place. Je voudrais revenir à la théorie de

Bühler. Certes, j'ai tiré profit de la division tripartite de Bühler pour voir à quel point le rôle de déclencheur, autrement dit le deuxième stade, était rare dans le monde animal. L'animal ne sait que très rarement qu'il veut quelque chose de l'autre. Le chien qui remue la queue en se dirigeant vers la fontaine veut incontestablement quelque chose de moi. Mais j'ai diablement peu d'exemples qui permettraient de montrer que les modes d'expression animaux ne relèvent pas seulement du besoin d'exprimer, et seraient aussi des tentatives de se faire comprendre. Quant à la représentation dans le règne animal, tu l'as dit avant moi, elle n'existe curieusement que chez les abeilles, et suivant un système tellement figé que de nouveau cela n'a plus aucun rapport avec le langage. Toutefois c'est une forme de représentation.

POPPER : La représentation a entre autres caractéristiques primordiales de n'être pas conditionnée par la situation. Je pourrais parler avec toi, à l'instant, du pôle Nord, te raconter comment c'est, là-bas. C'est la représentation à l'état pur ; ni la fonction de déclenchement, ni la fonction d'information ne permettent ce que permet exclusivement la représentation, à savoir de parler d'objets ou de pays lointains, d'événements qui se sont produits il y a des centaines de millions d'années, etc.

LORENZ : Je voudrais quand même ajouter quelque chose en faveur du concept, et ce en corrélation avec l'exploration, avec la concrétisation de la représentation. Dans le comportement exploratif, l'animal essaie tous ses schémas comportementaux sur un nouvel objet : manger, cacher, couper, etc. L'animal ne veut pas manger l'objet, il veut seulement déterminer si l'objet est théoriquement *comestible,* comestible en principe. Arnold Gehlen a très bien défini cette fonction du comportement exploratif. Mais il a cru que c'était spécifiquement humain. Or ce n'est pas exclusivement propre à l'homme. Et il est quand même assez remarquable qu'un animal sache qu'un objet est théoriquement comestible. Indépendamment du fait que le sujet ait faim ou non au moment donné. Et le plus intéressant, c'est que le comportement exploratif disparaît instantanément dès lors qu'il ne se situe plus dans « le champ de la détente ». Dès l'instant où l'un de ses besoins s'éveille pour de bon, si l'animal a faim, prend peur, ou quelque autre chose de ce genre, c'en est fini de l'exploration.

POPPER : Le comportement exploratif a donc beaucoup de points communs avec le jeu.

LORENZ : Sa définition est indissociable de celle du jeu. L'homo ludens est inséparable de l'homo explorans.

KREUZER : Que veut dire jouer ? Essayer le monde extérieur ?

LORENZ : Tenter des expériences créatives avec ses propres schémas comportementaux.

POPPER : J'ai une théorie sur la formation de la fonction de représentation à partir du jeu : je pense que par imitation les enfants sont amenés à jouer un certain nombre de rôles propres aux adultes. Et qu'ils se servent aussi de leur bouche pour montrer les sons que produisent les adultes, et que de cette imitation ludique naît le véritable langage humain. Certes il y a aussi des cris d'alarme. L'utilisation ludique des cris d'alarme conduit au premier mensonge. Et c'est ainsi qu'apparaît le problème de la vérité. Et avec le problème de la vérité apparaît aussi le problème de la représentation.

LORENZ : C'est pourquoi le jeu de rôle revêt une telle importance chez l'enfant, jouer au papa et à la maman, etc.

KREUZER : Nous arrivons là au stade spécifiquement humain. C'est là que commence l'homme, là que commence cette haute conscience de soi, au sens de Popper.

LORENZ : Là que commence la *persona,* au sens le plus étroit. Le rôle : qui suis-je ? C'est grandiose. Pas d'objection.

POPPER : La célèbre histoire de l'enfant qui criait trop souvent « au loup ! » n'est pas une histoire morale ; tu ne mentiras pas, etc. mais c'est vraiment l'histoire de la naissance du langage : le langage naît du fait qu'on crie « au loup ! » pour rire, et que, ce faisant, on ment. C'est alors que naît le problème de la vérité, et par la même occasion celui de la représentation. Le problème de la vérité n'existe qu'avec la représentation. Pour les abeilles, il n'y a pas de problème de la vérité. Lorsque Karl von Frisch ne les induit pas en erreur, elles disent la vérité : elles ne sont pas capables de mentir.

LORENZ : C'est un très bel exemple.

LE MOI DU COQ ET LE MOI DE L'HOMME

KREUZER : Devant une aussi parfaite entente je ne voudrais pas susciter l'opposition, j'ai cru toutefois déceler quelque désaccord dans l'analyse de la conscience de soi chez l'un et l'autre. Chez vous, Karl Popper, c'est le respect de la haute conscience de soi résultant de la fonction argumentaire du langage, mais chez vous, Konrad Lorenz, j'ai cru noter que vous soupçonniez une forme archaïque de conscience de soi même chez les animaux. Y a-t-il là une opposition, une différence entre vous ?

LORENZ : Mon Dieu, par exemple un coq qui chante et bat des ailes, a une plus pleine conscience de soi que moi. Il surestime démesurément son moi. Il se prend pour le centre du monde. Il est plein de fierté, d'agressivité, il est totalement égoïste.

KREUZER : Ce moi du coq est-il notre moi ?

POPPER : Bien entendu, nous répondons tous les deux non. Ce n'est pas le même moi.

LORENZ : Ce n'est pas le même, mais il y est contenu. Car le coq ne réfléchit pas. Il ne pourra jamais y avoir de quête d'identité chez lui. Un coq de rang subalterne qui vient de se faire battre n'a plus beaucoup d'ego.

POPPER : Je suis d'accord pour dire d'une façon générale que dans l'évolution des êtres vivants, les formes anciennes sont en quelque sorte toujours là. Elles ne sont jamais totalement dépassées. Autrement dit, le coq est bien contenu dans l'homme, mais pas l'homme dans le coq.

LORENZ : Voilà encore quelque chose qui me semble aller de soi. J'ai toujours cru que j'avais totalement inventé Nicolai Hartmann. Ce n'est pas vrai : je le tiens de Gustav Kramer, et Gustav Kramer le tenait de Max Hartmann qui avait été élève de Nicolai Hartmann. Et ce que Karl Popper vient de dire est de la plus parfaite évidence à nos yeux. B n'est pas non-A mais B est A + B. Et C est A + B + C. Et lorsque l'élément inférieur disparaît, les niveaux supérieurs sont perdus aussi. Le plus grand péché du réductionnisme, c'est l'erreur qui consiste à dire : l'homme n'est *rien d'autre qu'un* mammifère. Bien sûr, l'homme est un mammifère mais prétendre qu'il ne serait qu'un mammifère est complètement faux.

KREUZER : C'est ce que Huxley appelle « nothing else buttery ».

LORENZ : « Nothing else buttery », oui. La formule a même été inventée deux fois. Mais dans la querelle entre savants, Huxley a réussi à prouver qu'il avait la priorité.

KREUZER : En français on a parlé de maladie du « rien d'autre que ». L'homme est une entité physique, mais il n'est pas uniquement une entité physique et, surtout, il n'est pas « rien d'autre qu' » une entité physique.

LORENZ : « Nothing else but » signifie *à proprement parler*. Or la faute réside précisément en cela, car justement, eu égard à ce qui lui est exclusivement *propre*, l'homme est tout autre chose qu'un mammifère.

KREUZER : Je crois qu'il serait bon de revenir encore une fois sur le problème corps-esprit, le problème du moi, le problème de la conscience. Pour vous, monsieur Lorenz, il y a là un gouffre. Ce que vous appelez le « hiatus vertical », une séparation entre le haut et le bas, une altérité insurmontable de la conscience de soi au monde, de la face intérieure et de la face extérieure du monde.

LORENZ : Insurmontable pour nous. Dire que l'esprit n'existe pas ou qu'il serait matériellement explicable est la plus grande absurdité que l'on puisse dire. Nous ne pouvons pas l'expliquer, et mon défunt ami Gustav Kramer l'a merveilleusement exprimé en disant : « En admettant même que dans un aboutissement utopique de la recherche nous ayons décrit tous les processus de l'esprit jusque dans les moindres détails et que nous puissions prouver qu'ils coïncident point pour point avec des processus physiologiques, le problème du corps et de l'esprit ne serait en aucune manière résolu pour autant, nous serions tout au plus autorisés à dire que le parallélisme psychophysique est véritablement très parallèle. » C'est une merveilleuse formulation de l'insoluble. Et voyez-vous les problèmes insolubles ne m'étonnent pas. Je ne m'étonne pas du peu de chose que je comprends, je m'étonne que mon cerveau d'anthropoïde à peine amélioré arrive seulement à refléter de tels problèmes. Je ne m'étonne pas comme je l'ai dit que l'électron se présente une fois sous la forme d'un corpuscule, une fois sous la forme d'une onde, et que notre Karl Popper soit d'une part, un esprit, de l'autre, un corps. Je m'étonnerais de m'en étonner.

POPPER : Je crois que monsieur Kreuzer fait allusion à la chose suivante : tu dis que le conscient n'est pas toujours d'un ordre supérieur, mais que ce peut être par exemple le mal de dents. Le mal de dents est très conscient, mais ce n'est pas un processus intellectuel supérieur. Il peut être tellement conscient qu'il occupe ma conscience tout entière mais ce n'est pas pour autant un processus intellectuel supérieur. En ce sens le vulgaire mal de dents peut accaparer ma conscience entièrement.

LORENZ : Oui, c'est tout à fait juste. « Et il n'y a que dans les étroites cavités de la molaire que se niche l'âme », dit Wilhelm Busch.

KREUZER : Qu'en est-il maintenant de la haute conscience de soi qui suppose le langage ? Cette fois la frontière est horizontale.

POPPER : Dans le langage, c'est là que cela se passe.

LORENZ : Avec le langage s'établit une frontière et c'est naturellement un cycle de rétroaction. Car le supérieur influe sur les niveaux inférieurs. Mais c'est précisément ce qui fait que le langage demeure quelque chose de naturel. Nombre de bons penseurs s'attachent encore à croire que quelque chose d'inexplicable serait *ipso facto* supranaturel. Dans cette mesure, je suis moniste si tu veux. Même si je n'arrive pas à tirer au clair le problème corps-esprit. Mais l'idée que tout ce que mon pauvre cerveau ne comprend pas devrait se situer en dehors de la nature, comme on peut le lire entre les lignes par exemple chez Erwin Chargaff, avec son « mystère inexplicable », je ne peux pas la partager.

POPPER : Et nous en venons à un point important, celui de la signification de la critique. Par le langage, nous rendons la théorie *criticable.* Et c'est ce qu'il y a de fabuleux. Tu as parfaitement raison et je suis tout à fait d'accord avec toi pour dire qu'il y a deux grandes étapes dans l'évolution : la vie et l'homme. Et l'homme, c'est avant tout le langage. Qu'est-ce qui permet l'évolution culturelle ? La critique. Le langage rend possible une critique, et à partir de la critique nous avons développé la culture.

LORENZ : Le langage a fait naître une communauté qui n'avait jamais existé jusqu'alors, une communauté du savoir et par là même de la volonté.

POPPER : Tant que nous n'avions pas sorti nos théories de nous-mêmes, nous nous confondions avec elles, et nous ne pouvions donc pas les *critiquer*. Le coq ne peut pas distinguer son moi de ses attentes ni de ses théories.

LORENZ : Le coq tue celui qui tente de le critiquer, et nous n'en faisons pas autant.

POPPER : Le coq ne peut pas critiquer ses théories. Nous pouvons par exemple nous demander si nous sommes ou non des égoïstes. Le langage nous permet de considérer une proposition à l'extérieur de nous et de nous demander : « cette proposition est-elle juste ? Est-elle vraie ? » Et c'est alors que la proposition commence véritablement à exister en tant que telle, avec la possibilité de la proposition fausse, avec le problème de la vérité. J'ai du reste ajouté à ces trois stades de Bühler un quatrième, celui de la fonction *argumentative* du langage. Nous pouvons parler de la vérité ou de la fausseté d'une proposition. C'est alors une…

LORENZ : Une catégorie supérieure au sens de la structure stratifiée de Nicolai Hartmann.

KREUZER : Ce quatrième stade est-il celui qui fait véritablement l'humanité ? C'est bien le quatrième stade de développement du langage qui opère la rétroaction entre le monde trois, entre les produits de notre culture, et notre cerveau. Et c'est là que se forme véritablement cette haute conscience de soi dont nous parlons.

LORENZ : Je ne peux pas parler de la conscience de soi, parce que j'ai toujours été persuadé de mon moi, sans doute par une très archaïque conscience pareille à celle du coq. Je n'ai jamais réussi à comprendre tout à fait comment on se livrait à une quête de son identité. Sur un plan personnel, strictement phénoménologique, je n'ai jamais pu le comprendre, mais cela existe, c'est tout ce que je puis dire.

POPPER : Pourtant dans ton livre, je l'ai noté, tu parles de quête d'identité.

LORENZ : Lorsque j'observe une baisse de ma production scientifique et que ce que j'ai écrit me paraît indigne d'être publié, ce qui m'arrive régulièrement quand j'achève un manuscrit important — la chose me révulse purement et simplement —, je lis les écrits de mes adversaires les plus acharnés.

POPPER : Je ne connais pas ça.

LORENZ : Tu ne connais pas ça, parce qu'il te manque la conscience du coq ! Parce que tu n'es pas un coq, moi si !

KREUZER : Nous avons mentionné au début de cette conversation que la conscience de ce type de moi avait quelque rapport avec l'enseignement. Que l'on en prenait conscience en apportant un enseignement.

LORENZ : La conscience supérieure de soi est bien entendu en rapport avec la société humaine. La conscience supérieure de soi est liée au sentiment d'être un membre utile d'une société. Et c'est la raison pour laquelle je suis biosociologue. L'une des plus profondes satisfactions que l'on puisse éprouver est celle d'être compris, et plus particulièrement par les jeunes. Cela m'apporte une satisfaction particulière, un sentiment de bonheur intérieur. Lorsque je les vois écouter attentivement, et même comprendre ce que je veux dire.

POPPER *(en caressant le chien de Lorenz) :* Par exemple, cela fait de la peine de ne pouvoir guère entretenir ce type de rapport avec un chien. De ne pas pouvoir expliquer au chien une belle théorie.

LORENZ : Cela me gêne moins. Je n'attends pas ça d'un chien.

RIEN N'A JAMAIS EXISTÉ

KREUZER : Si vous prenez le contre-pied de la formule de Ben Akiba, en déclarant non pas « tout a déjà existé » mais rien n'a jamais existé ; si par conséquent le monde est ouvert, il faut pouvoir penser qu'il atteindra des stades d'évolution que nous ne saurions nous représenter aujourd'hui.

LORENZ : Je vis actuellement dans l'univers de mon dernier livre, *L'Homme en péril.* Il y a des dangers qui entravent la poursuite de cette évolution. J'ai consacré toute la première partie du livre à l'incertitude de la marche de l'univers et à son imprévisibilité, parce qu'il est extraordinairement naturel de penser que l'évolution doit se poursuivre vers le haut. L'homme pragmatique connaît l'évolution du grain semé à la céréale, de l'œuf au poussin, et lorsqu'on lui dessine un bel arbre de l'évolution, depuis l'amibe jusqu'à l'homme, tout le porte à penser qu'un avenir meilleur lui est assuré. C'est pourquoi il ne faut pas manquer de montrer clairement à l'homme qu'à partir de tout niveau atteint dans l'évolution, la marche peut se poursuivre vers le haut mais aussi vers le bas, et qu'il n'est écrit nulle part que l'homme n'a pas atteint aujourd'hui le sommet de son évolution et qu'il n'est pas sur le point de stagner, que la connaissance et tous les progrès de la science ne sont pas en stagnation et que tout ne se dirige pas vers un épouvantable système de division du travail pareil à celui des termites.

KREUZER : Cette impressionnante réfutation d'un optimisme naïf justifie-t-elle le pessimisme ?

POPPER : Non, au contraire. Au contraire, c'est une incitation à voir les possibilités et à saisir les occasions. Voilà ce que c'est. Non pas une raison de pessimisme. Le plus grand péril me semble en fait le pessimisme, autrement dit la perpétuelle volonté de dire aux jeunes qu'ils vivent dans un monde mauvais. Il me semble que c'est le plus grand péril de notre temps, plus grand que la bombe atomique. Laisser entendre aux gens qu'ils vivent dans un monde mauvais, hypocrite et je ne sais quoi encore. Si l'on considère les choses sous un angle historique, le monde où nous vivons est, à mon sens, le meilleur qui ait jamais existé. Bien sûr c'est un monde mauvais, parce qu'il y a un monde meilleur, et que la vie nous incite à chercher un monde meilleur. Et il faut poursuivre cette quête.

Mais cela ne signifie pas que notre monde soit mauvais. En vérité, non seulement le monde est beau, mais les jeunes ont aujourd'hui la possibilité de le voir comme ils n'avaient jamais pu le faire auparavant. C'est d'une énorme importance.

LORENZ : Le médecin a souvent le devoir d'alarmer. Cela ne veut pas dire qu'il soit pessimiste. Le fait de voir tous les risques de maladie et d'attirer l'attention sur eux ne signifie pas que l'on soit pessimiste. Je passe pour un pessimiste culturel. Si je l'étais, je me contenterais de jouer avec mes petits poissons et avec mes oies sans me préoccuper des problèmes de l'humanité. L'un des principaux dangers qui nous menacent est, comme Karl Popper vient de le dire très justement, la perte de sens de l'univers aux yeux des jeunes. Ce que Viktor Frankl voit et combat très justement, la perte de sens. Je me demande toujours comment lutter là contre, et l'un des principaux remèdes que je connaisse serait de mettre les jeunes gens en contact avec la beauté de la nature. Un être qui sait exactement la beauté d'une forêt printanière, la beauté des fleurs, la merveilleuse complication de n'importe quel embranchement du règne animal ne peut en aucun cas désespérer du sens de l'univers. La possibilité d'évolution supérieure, la possibilité d'évolution vers des niveaux inconnus qui n'ont jamais existé est aussi réelle que celle de voir l'humanité se transformer en société de termites de la pire espèce.

KREUZER : Rien n'a jamais existé.

LORENZ : Rien n'a jamais existé, et *tout est possible !*

KREUZER : Messieurs, je vous remercie.

Symposium organisé à l'occasion
du quatre-vingtième anniversaire
de Karl R. Popper
(Vienne, 24-26 mai 1983)

Première journée : La science et l'hypothèse
Deuxième journée : Les trois mondes
Troisième journée : La société ouverte

PREMIÈRE JOURNÉE

LA SCIENCE ET L'HYPOTHÈSE

(Karl R. Popper, Roman Sexl, Rupert Riedl, Friedrich Wallner, Paul Weingartner)

POPPER : *La science et l'hypothèse* est le titre d'un livre d'Henri Poincaré *, l'un des plus remarquables ouvrages de toute la philosophie des sciences ; c'est pourquoi je l'ai choisi comme thème de cette journée.

Je voudrais commencer par une profession de foi dans les sciences de la nature. La science subit aujourd'hui l'influence de courants modernistes des plus suspects. Elle n'est pas uniquement attaquée de l'extérieur, mais aussi de l'intérieur. Je tiens néanmoins les sciences de la nature, avec la musique, la poésie et la peinture, pour la plus haute réalisation de l'esprit humain. Bien sûr, on peut abuser de tout. On peut même abuser de la musique, et on en abuse effectivement. On peut aussi abuser de la peinture, et on en abuse. Et on abuse aussi de la science. Pourtant les sciences de la nature sont notre plus grand espoir. Si nous arrivons à nous tirer du marécage dans lequel nous nous sommes enfoncés, ce ne sera à coup sûr qu'avec l'aide de la science. Ces déclarations ont une consonance tout à fait « scientiste », comme l'on dit aujourd'hui.

* Rééd. coll. Champs, Flammarion.

LE REPROCHE DE SCIENTISME N'EST PAS RECEVABLE

C'est pourquoi je voudrais souligner que le reproche de scientisme n'est pas recevable pour un savant. Aucun grand savant ne peut être qualifié de scientiste. Ils se sont tous montrés sceptiques et prudents à l'égard de la science. Ils savaient tous que nous savions peu de choses. Par exemple, on ne voit guère comment le reproche de scientisme pourrait s'adresser à Henri Poincaré. Newton qui fut l'un des plus grands hommes et sans doute le plus grand savant de tous les temps se décrivait lui-même comme un petit garçon qui ramassait des pierres et des coquillages sur la plage, presque sans s'apercevoir que s'étendait devant lui un immense domaine inconnu, la mer. Je pense que tous les véritables savants se sont considérés un peu comme Newton : ils savaient que nous ne savions rien, et que même dans le champ déjà labouré par la science, tout demeure incertain. Comme vous le savez tous, la théorie de Newton a été plus ou moins supplantée par celle d'Einstein. C'est ainsi que les choses se passent en science.

Jusqu'à il y a cent ans environ, on a cru que le domaine de la mécanique découvert par Newton engloberait tout le domaine de la science. Or, en 1890, un domaine nouveau apparut avec la découverte de l'électron par J.J. Thompson : l'électronique. Cela a entraîné une révolution dont presque personne ne s'est rendu compte en dehors du monde scientifique : la révolution de l'électronique dans laquelle nous vivons encore aujourd'hui. Cette révolution a connu différentes phases, sur lesquelles je ne reviendrai pas ici. Je tiens seulement à rappeler que la science est un ouvrage humain et qu'en tant qu'ouvrage humain elle n'est pas infaillible. Et c'est précisément la conscience de l'imperfection de la science qui distingue le savant du scientiste. En effet, si le scientisme représente quelque chose, c'est la croyance aveugle et dogmatique en la science. Or cette croyance aveugle est étrangère au véritable savant. Et c'est pourquoi le reproche de scientisme s'adresse peut-être à certaines conceptions vulgaires de la science, mais ne peut pas toucher les savants eux-mêmes.

Nous ne savions même pas ce que c'était que l'eau

Il n'y a pas en science de savoir, au sens où l'on entend habituellement ce mot. Le « savoir » scientifique n'est pas un savoir : ce n'est qu'un *savoir hypothétique.* Il peut arriver qu'au centre même de la science, là où l'on s'y attendrait le moins, se produise une modification telle que tout est modifié. Le meilleur exemple en la matière est peut-être la découverte de « l'eau lourde ». Je me souviens moi-même très bien — je suis assez vieux pour cela, j'ai quatre-vingt-un ans — de la surprise et presque de l'horreur ressentie dans le monde de la chimie, lorsque Harold Urey réussit à isoler « l'eau lourde », je crois que c'était vers 1932. L'eau (H_2O) était en quelque sorte le centre banal, la réalité la plus sûre, de toute la chimie. S'il y avait quelque chose qu'on connaissait, c'était bien ça. Toutes les masses atomiques s'exprimaient en fonction de l'hydrogène et de l'oxygène. Toute la chimie se raccrochait d'une certaine façon à l'eau, et voilà qu'il se révélait que nous ne connaissions pas l'eau, nous ne savions pas qu'il existait différentes sortes d'hydrogènes, et que nous ne nous trouvions pas face à un seul élément hydrogène, mais à un mélange de différentes sortes d'hydrogènes, les isotopes. Il en va toujours ainsi en science. Nous ignorons toujours à quel moment surviendra la révolution, la nouvelle découverte. Nous ne sommes pas en mesure de le prévoir.

L'autre grande découverte fut bien entendu la théorie de la relativité. C'est elle qui m'a le plus fortement influencé dans mon attitude par rapport à la théorie de la science. Je ne sais pas si Einstein a raison face à Newton : nul ne le sait. Mais il est sûr qu'Einstein nous a montré que la pensée de Newton devait éventuellement, devait même très vraisemblablement, être rectifiée. Or la théorie de Newton était à l'époque, la mieux vérifiée, la plus éprouvée de toutes les théories. C'était une théorie qui nous avait donné la clef de l'univers ; grâce à elle, nous vivions dans un monde que nous comprenions, je veux dire, que nous avions cru comprendre. Et puis Einstein vint et il montra que les innombrables observations et expériences qui s'étaient inscrites à l'appui de la théorie de Newton, pouvaient aussi être interprétées en faveur d'une théorie tout autre. Entre les prémisses de ces deux théories, il n'y avait pratiquement aucune différence, mais Einstein proposait un schéma tout différent. L'explication antérieure du monde paraissait superficielle, comparée à la nouvelle interprétation que faisait découvrir la théorie d'Einstein. Et un certain nombre de problèmes insolubles chez Newton trouvaient une solution.

L'HOMME NE DIGÈRE PAS LE MONDE, IL LE CONSTRUIT

Je ne veux pas dire pour autant que la théorie de Newton soit fausse, celle d'Einstein juste ; je veux simplement signifier que cet exemple nous montre très clairement que la science même la plus sûre et la plus brillante ne nous fournit jamais qu'un savoir hypothétique. Non pas un savoir, mais un savoir hypothétique. Ce que j'aurais à dire de la science se résume en somme comme suit : la science n'est pas l'assimilation de données sensorielles que nous obtiendrions par l'intermédiaire de nos yeux, de nos oreilles, et ainsi de suite, et que nous malaxerions ensemble, d'une manière ou d'une autre, par des associations, pour en faire ensuite des théories. La science se compose de théories qui sont notre œuvre. Nous *construisons* les théories, nous allons vers le monde avec nos théories, nous examinons activement le monde en regardant ce que nous pouvons en tirer comme information, ce que nous pouvons en extirper. Mais le monde ne nous livre aucune information si nous n'allons pas vers lui en l'interrogeant : nous *demandons* au monde si telle ou telle théorie est juste ou fausse. Ensuite nous soumettons ces questions à l'examen le plus approfondi possible, sans jamais parvenir à aucune certitude.

Nous pouvons aspirer à la vérité scientifique, et nous le faisons. La vérité reste la valeur fondamentale. Mais nous ne pouvons *pas* atteindre la certitude. Il faut renoncer à la certitude. Elle ne nous est jamais donnée. Tout ce que nous pouvons faire, c'est soumettre à un examen autocritique nos propres théories, que nous avons forgées nous-mêmes, essayer nous-mêmes de les détruire, de les réfuter.

L'essentiel est l'attitude critique. D'abord nous élaborons des théories, ensuite nous critiquons nos théories. Comme nous avons par ailleurs une position très humaine à l'égard de nos théories, et qu'en général nous défendons nos propres théories, au lieu de les critiquer, il s'instaure une sorte de rivalité amie-ennemie entre savants. Si je ne me montre pas assez critique à l'égard de ma propre théorie, il y a autour de moi des centaines de gens tout à fait critiques à son égard. Et il faut s'en féliciter.

Ce dont on ne peut pas se féliciter, c'est que la critique devienne trop souvent personnelle. Les critiques formulées contre une théorie se changent presque toujours en critiques plus ou moins personnelles contre l'homme qui a inventé cette théorie. C'est une faiblesse ; il y a tout lieu de s'en insurger, mais on s'insurge pratiquement en vain. Il faut donc s'en accommoder. Cela arrive constamment. Pourtant, il est extrêmement important, pour des raisons d'éducation, extraordinairement important pour la démocratie, de procéder à l'aide de bons exemples et de rendre sa critique aussi objective que possible. C'est peut-être un idéal inaccessible, mais en tout cas un besoin capital et urgent, au moins pour les savants, de formuler une critique le plus objectivement possible.

Le reproche que j'ai mentionné, la critique du scientisme, n'est pas une critique objective. Si cette critique se voulait objective, il faudrait que l'adversaire du scientisme se réfère à un certain nombre de cas de savants trop dogmatiques, croyant trop à la science. Mais ces cas sont très rares, au moins parmi les savants. Les adversaires du scientisme, eux-mêmes, sont très dogmatiques et ils croient naturel que tout le monde soit dogmatique. Or les savants sont les seuls qui, pour la plupart, ne le sont pas.

Le seau et l'entonnoir

Ma théorie de la science est donc incroyablement simple. C'est *nous* qui créons les théories scientifiques, et c'est encore *nous* qui critiquons les théories scientifiques. Toute l'épistémologie est là. *Nous* inventons nos théories et *nous* les anéantissons. Nous créons ainsi de nouveaux problèmes dans lesquels nous découvrons si nous le pouvons de nouvelles théories. Telle est en résumé la définition de la science et de l'histoire des sciences. Le reste de la théorie, c'est tout autre chose. Le reste de la théorie c'est ce que j'appelle la théorie du seau. Notre tête est un seau. Le seau est percé de trous et par ces trous s'infiltre l'information qui vient du monde extérieur. C'est aussi la théorie fondamentale de la pédagogie. Et la théorie de l'entonnoir est ensuite celle de la méthode d'enseignement. Le récipient est équipé en outre d'un entonnoir à gaver les oies dans lequel on verse le savoir. C'est le reste de la théorie. Le fait est que notre pédagogie consiste à submerger les enfants de réponses à des questions qu'ils n'ont pas posées alors qu'on n'écoute pas les questions qu'ils posent.

RÉPONSES SANS QUESTIONS, QUESTIONS SANS RÉPONSES

La pédagogie ordinaire est un ensemble de réponses sans questions et de questions sans réponses. Notre pédagogie réside essentiellement en cela. Mais il se trouve que tous les organismes, non pas seulement l'homme, mais tous les organismes, posent constamment des questions au monde et s'efforcent constamment de résoudre des problèmes.

Je me permettrai de me citer moi-même : « De l'amibe à Einstein il n'y a qu'un pas. » Pour vous en persuader, je vous conseille l'excellent ouvrage de J. S. Jennings *Das Verhalten der niederen Organismen (Le comportement des organismes inférieurs.)* Les organismes les plus élémentaires posent constamment des questions au monde et s'efforcent constamment de résoudre des problèmes. Lorsqu'il n'y a pas de question posée, on ne peut pas comprendre les réponses. Mais les questions conduisent évidemment bien souvent à la destruction de l'organisme vivant.

Tous les organismes posent et résolvent constamment des problèmes; c'est pourquoi la science ne représente à vrai dire qu'un prolongement de l'activité des organismes inférieurs. Il y a cependant une grande différence entre l'amibe et Einstein, c'est qu'Einstein est *critique* à l'égard de ses propres solutions. Et il ne le peut que grâce au langage, parce qu'il existe un langage humain dans lequel nous pouvons formuler les solutions de nos problèmes. Ce faisant nous les transportons à l'extérieur de notre corps. Tout comme tant d'autres outils que nous avons inventés. Au lieu de nous faire pousser une glande au bout des doigts, une glande d'encre, et de l'utiliser pour écrire, nous inventons la plume. C'est ce qui différencie l'homme de l'animal.

LE CHIEN DE PAVLOV ÉTAIT BEAUCOUP PLUS MALIN

Le principal de tous nos instruments est le langage. Les animaux ont aussi leur langage, mais ils ne peuvent pas énoncer d'affirmations, ils ne peuvent que « faire part » de leur état intérieur, comme le dit Bühler ; ce qu'ils communiquent est susceptible de *déclencher* une réaction chez d'autres animaux. Alors que nous, nous pouvons formuler verbalement nos théories. Et puis nous pouvons les critiquer. *Cette critique rend précisément possible la science.* On ne saurait surestimer l'importance du langage, de la formulation verbale et de la critique. C'est vraiment l'essentiel de la société humaine, et c'est ce qui conduit à la science.

Voilà en bref ma théorie de la science, et je l'ai sommairement différenciée de la théorie de l'esprit humain représenté comme un seau, que l'on peut aussi appeler théorie de l'induction.

La théorie de l'induction est la suivante : notre apprentissage se fait à partir de l'information qui pénètre en nous par l'intermédiaire des sens ; et par la répétition nous enregistrons les lois de fonctionnement. Je pense pour ma part qu'il n'est d'apprentissage qu'actif ; nous apprenons activement et jamais passivement. Le célèbre chien de Pavlov, qui a prétendument appris quelque chose par l'intermédiaire du réflexe conditionné, s'intéressait activement à sa nourriture, comme tous les chiens. S'il ne s'était pas intéressé activement à sa nourriture, il n'aurait rien appris. Mais, en l'occurrence, il a établi une *théorie* : quand la cloche sonne, la nourriture arrive. C'est là une théorie et non pas un réflexe conditionné.

Le réflexe conditionné n'existe pas, pas plus que les associations, ce sont autant d'erreurs mécanistes. Bien sûr, je respecte la théorie des associations et la théorie du réflexe conditionné (et la théorie des réflexes en général) : ce sont des essais intéressants. Mais ce sont des essais manqués, comme la plupart de nos essais théoriques. Ils subsistent encore, mais en réalité ils sont dépassés. Il n'y a pas d'association, il n'y a pas de réflexe, il n'y a pas de réflexe conditionné. Il n'y a que l'activité — la recherche active de lois — et l'élaboration de théories. Et puis il y a la sélection des théories. Telle est, en gros, ma théorie de la connaissance.

Le papier de soie renvoie des grenades

Sexl : Les théories sont d'éventuelles explications des phénomènes, or la physique se distingue par le fait qu'elle n'est jamais exclusive. On montre toujours que l'on peut proposer quelque chose qui explique un certain nombre de faits, on ne montre jamais que cette explication est la seule et unique possible. De nombreux exemples l'illustrent : à l'aube de la physique atomique, J. J. Thomson avait présenté un schéma de l'atome qui se composait essentiellement d'une espèce de bouillie. Rutherford tira sur cette bouillie avec des particules alpha. Il décrit lui-même son étonnement d'avoir vu revenir ses projectiles, comme s'il avait « tiré des grenades sur du papier de soie » et que les grenades aient été renvoyées. Nous avons là un éclatant exemple de réfutation d'une théorie par l'expérience.

Je donnerai un autre exemple prouvant que les savants eux-mêmes ont tout à fait conscience du caractère hypothétique de leurs théories, en citant l'ouvrage de Maxwell *On Physical Lines of Force ;* il émet une hypothèse et écrit ensuite : « Si par la même hypothèse nous pouvons mettre en relation les phénomènes de l'attraction magnétique et ceux de l'électromagnétisme, nous obtenons une théorie que seules permettraient de réfuter des expériences qui étendraient considérablement nos connaissances de ce domaine de la physique. » Nous avons là, exprimée très clairement, me semble-t-il, l'idée que l'on peut apprendre beaucoup de la réfutation des théories et, ce que vous venez justement d'opposer au scientisme, Karl Popper, apparaît ici avec une limpidité exemplaire.

On trouve aujourd'hui le scientisme — et je suis toujours étonné de sa diffusion — dans la publicité. La science y est encore présentée comme une magie de la nature, à peu près comme on la présentait couramment au XVIIIe siècle ; on ajoute un enzyme ou un quelconque produit à consonance scientifique et tout est réglé.

Qu'est-ce que la « réfutation naïve » ?

Mais je voudrais enchaîner sur une autre question : nous venons de donner de très beaux exemples montrant que les théories peuvent être réfutées par des expériences. Elles ne peuvent jamais être vérifiées, on ne peut jamais prouver leur exactitude absolue et exclusive. Mais si nous songeons maintenant à ce grand passage de Newton à Einstein, reposant sur des bases théoriques tout autres, il faut le dire, la question se pose de savoir si justement, dans ce cas, l'expérience a aussi joué le rôle décisif ou si les deux théories n'ont pas coexisté un certain temps, de telle sorte qu'on ne puisse pas parler de réfutation simple et naïve. La théorie de l'éther — qui était le parachèvement de la théorie de Newton —, que supplanta celle d'Einstein, resta longtemps conciliable avec toutes les expériences, et on peut même la formuler encore aujourd'hui de telle sorte qu'elle reste conciliable avec ces expériences. Il apparaît donc à l'évidence que la méthode de réfutation demande une plus ample élaboration, elle demande plus de précautions.

Popper : Ce que vous dites est tout à fait juste. Je prétends seulement n'avoir jamais formulé une théorie aussi naïve de la réfutation. J'ai souligné, dès le départ, dans mes publications de 1933 et surtout de 1934, que l'on pouvait se dérober à toute réfutation, mais qu'il importait d'essayer d'affiner sa théorie à tel point qu'elle *puisse* être réfutée. Et c'est effectivement ce qu'a fait Einstein avec sa théorie générale de la relativité. Il a dit par exemple que si l'expérience qui montrait que le décalage du rouge sous l'effet de la gravitation était fausse, il renoncerait immédiatement à sa théorie. Cet exemple prouve bien qu'Einstein était tout à fait persuadé qu'il fallait affiner sa théorie jusqu'à une éventuelle réfutation. Bien sûr, même si Einstein avait alors renoncé à sa théorie, il serait resté beaucoup de partisans d'Einstein pour dire : « Non, non, on n'est pas forcé de renoncer. » On n'est évidemment jamais forcé de renoncer à une théorie. On peut toujours essayer de sauver sa théorie à l'aide d'hypothèses annexes ou par d'autres moyens, je l'ai dit très explicitement dans *La Logique de la découverte scientifique*.

Mais le savant a selon moi le devoir, dans toute la mesure du possible, de s'orienter vers ce type d'expériences décisives, que l'on appelle en anglais « crucial experiments » du latin « experimentum crucis », et si possible de les faire. Je ne sais pas si je dois évoquer ici l'histoire de la théorie de la relativité, mais en tout cas les Anglais s'employèrent énergiquement à observer la déviation de la lumière lors de l'éclipse solaire totale de 1919, alors même que cela se passait immédiatement après la Première Guerre mondiale, à une époque où on était par ailleurs très hostile à la science allemande, Einstein était considéré comme Allemand. Mais on estimait que c'était un « crucial experiment » et le résultat fut admis comme parlant fortement en faveur d'Einstein.

SEXL : Toutefois, il y a aussi un grand nombre d'expériences pour lesquelles Einstein n'a pas réagi ainsi. De même qu'une théorie peut se tromper, l'expérience peut se tromper. Il y eut par exemple, justement au début de l'histoire de sa théorie, quelques expériences qui parlaient contre lui, et il a fallu attendre plusieurs décennies pour savoir ce qui avait déraillé dans ces expériences extrêmement délicates : ce n'était pas la théorie qui était fausse, mais l'expérience. Il ne faut pas non plus que le savant, le théoricien en l'occurrence, ait un regard trop naïf sur une réfutation de cet ordre, sans quoi il risque de n'avoir jamais que des théories à abandonner.

POPPER : Bien sûr. Encore une fois, je l'ai toujours souligné, mais on a reproché à ma théorie de considérer la réfutation d'un point de vue trop naïf. Thomas Kuhn par exemple a écrit : « Popper n'est pas un réfutateur naïf (je traduis de l'anglais, K.R.P.), mais on peut le traiter comme tel. » Bien sûr, on peut me traiter comme tel. On peut me traiter comme un assassin. Je ne suis pas un assassin, mais on peut me traiter comme tel.

SEXL : Pas un assassin de théories. Mais alors on est naturellement amené à se demander : si la réfutation devient si compliquée, en admettant qu'on veuille l'employer dans des cas concrets, n'y aurait-il pas des descriptions plus appropriées ? Et, à ce propos, il faudrait justement parler de Thomas Kuhn et voir si le processus ne s'expliquerait pas mieux comme une révolution scientifique.

LES PRIX NOBEL : RÉCOMPENSE À UNE MAFIA VICTORIEUSE ?

KREUZER : Je crois qu'il conviendrait ici de dire quelques mots de Thomas Kuhn. Il est à l'origine de l'épistémologie des « paradigmes ». Il affirme que la science est toujours le consensus d'une mafia scientifique, remplacée par la suivante.

SEXL : Il dit que c'est un processus sociologique, bien plus que logique ou critique...

KREUZER : La science est ce que décident entre eux les savants...

SEXL : L'attribution du prix Nobel est décidée entre des groupes. Et la question se pose de savoir, à partir du moment où le processus de réfutation devient si compliqué, si ce ne serait pas une description plus simple et plus adéquate du processus.

POPPER : Je le contesterais fortement pour ma part. Premièrement, je prétends qu'il n'y a rien de compliqué ici. Deuxièmement, je prétends que Kuhn a tort du point de vue de l'histoire de la science. L'une de ses thèses, historiquement vérifiable, est qu'à partir du moment où une science arrive à maturité, elle ne comporte plus qu'*un* courant fondamental. C'est tout simplement faux. L'histoire des sciences montre que la théorie de la matière depuis Parménide et Démocrite, jusqu'à Heisenberg et Schrödinger a toujours comporté deux courants, deux paradigmes au sens où l'entend Kuhn, à savoir la « théorie de la continuité » et la « théorie de la discontinuité », et que ces deux théories opposées ne se sont pas seulement combattues mais aussi enrichies mutuellement. C'est une puissante objection à la théorie de Kuhn.

Mais ce n'est pas mon problème. Mon problème est plutôt de défendre ma position selon laquelle la science est *la recherche de la vérité par la critique.* Ma position est simple : très inventive *et* critique.

Formule ta thèse le plus précisément possible ! C'est une règle normative, non pas une description de l'histoire des sciences, mais un conseil au savant pour améliorer la position de la science. Dès que tu peux être critique, sois-le ! Bien sûr, livre-toi à des expériences critiques et montre-toi bien entendu critique à l'égard de tes expériences. Reste conscient que des expériences peuvent être mal interprétées, comme en 1906-1907, ces expériences de Kaufmann qui viennent d'être évoquées et qui semblaient aller à l'encontre de la théorie d'Einstein. Ces conseils me semblent la simplicité même. Et l'attitude critique suppose aussi que l'on essaie toujours de pousser les choses jusqu'à une éventuelle réfutation. Que certains de mes élèves se soient principalement appliqués à compliquer mes théories, c'est un autre problème. (Et que tant d'autres qui jugent mes théories aient fondé et consolidé leur jugement sur des bruits à propos de ma théorie, c'est aussi un autre problème.)

La lutte pour la vie : un affrontement de théories

Riedl : Je voudrais reprendre le problème de la réfutation. Pour moi, en tant que biologiste, votre théorie, Karl Popper, est beaucoup plus attrayante que celle de Kuhn. Parce qu'il me semble que Kuhn décrit une sorte de sociologie du processus scientifique, alors que vous faites quasiment œuvre de moraliste en disant comment *devrait* procéder la science. Pour le biologiste, les choses se présentent comme s'il y avait ancré dans la créature vivante quelque chose comme le besoin — je m'exprime là avec assez d'imprécision — de défendre ses hypothèses. Dans la mesure où la mutation, qui est elle-même une hypothèse, représente un risque pour l'organisme qui en est porteur. Et il apparaît en l'occurrence, en biologie en tout cas, qu'on laisse le soin de la réfutation aux voisins. Seriez-vous d'accord pour que l'on reconnaisse au savant le droit de défendre ses théories au profit de la science en laissant à son voisin le soin de les disséquer et de les analyser ? En ce sens, je me considérerais comme un mutant culturel et j'attendrais de mon entourage qu'il me contredise.

Popper : Il est tout à fait juste de penser qu'il faut aussi défendre ses théories, car si une théorie n'est pas défendue, on ne peut jamais se rendre compte de ce qu'elle apporte véritablement. On a cru très souvent avoir réfuté une théorie alors qu'en réalité non seulement elle pouvait encore être sauvée, mais le conflit lui ajoutait de nouveaux éléments importants. En un mot : la lutte pour la vie porte avant tout sur les théories. On pourrait même dire que cette fameuse lutte pour la vie n'a jamais été qu'un affrontement entre des théories, du commencement jusqu'à nos jours. Et c'est pourquoi la théorie, ou le partisan d'une théorie, doit lutter. Mais il faut dire aussi qu'un vrai savant avant de publier sa théorie se demande longuement s'il ne peut pas la réfuter lui-même. Einstein écrit par exemple que dans les dix ou quinze années où il a travaillé à l'élaboration de la théorie générale de la relativité, il a rejeté lui-même à peu près toutes les trois minutes une nouvelle théorie. Certes c'est un peu exagéré — dans le même temps il a aussi, entre autres choses, mangé, dormi et joué du violon —, mais c'est néanmoins la description de ce que fait un savant actif : il invente et formule une théorie mais constate presque immédiatement que cela ne va pas, que la théorie a tel et tel défaut, qu'il connaît déjà par d'autres théories qu'il a rejetées antérieurement, et donc il l'écarte !

Le cerveau : organe de l'hypothèse ou hypothèse organique

Riedl : Ma présence parmi des philosophes n'est qu'un leurre. Comme vous le savez, je suis biologiste. Mais, dans le cercle de Konrad Lorenz à Altenberg, nous avons eu fréquemment l'occasion d'aborder vos thèses ; elles ne nous ont pas seulement aidés, elles nous ont aussi contraints à nous poser nous-mêmes de nouveaux problèmes. L'un des apports les plus profitables à nos yeux est votre idée de considérer les organes comme des hypothèses. Or l'organe le plus intéressant de l'homme est son cerveau. Nous avons donc été amenés à nous demander quel genre d'hypothèses étaient déjà intégrées dans ce cerveau. Autrement dit, en quelque sorte, qu'est-ce par définition que l'élément spécifiquement humain ?

Et là encore nous sommes tout à fait d'accord avec vous pour dire que le réflexe conditionné, s'il existe, est quelque chose de très particulier comme le réflexe patellaire qui fait effectivement partie des réflexes. Et vous avez tout à fait raison de dire que Pavlov s'est trompé en croyant que la salivation du chien était un réflexe conditionné. Nous avons établi depuis longtemps que c'était une appétence conditionnée. Si l'on détache le chien, il se précipite sur la cloche en aboyant et en remuant la queue, débitant devant elle tout son répertoire de la quête de nourriture. Il y est donc préparé. Et à propos de cette préparation, je voudrais poser quelques questions qui rejoignent le problème de l'induction. Du point de vue de la théorie de la connaissance, nous considérons un peu notre cerveau comme un agent producteur de théories.

Attendre l'ancien, attendre la nouveauté

Première remarque : tous les organismes supérieurs se comportent comme si, avec la satisfaction d'une demande qu'ils adressent en quelque sorte à la nature sous la forme d'une attente, la satisfaction de l'attente suivante devenait plus vraisemblable. Ainsi, un écureuil qui tombe successivement sur plusieurs noisettes creuses finit par ne plus les casser. L'écureuil qui tombe sur des noisettes pleines continue de les casser automatiquement. De même dans un hôtel que nous ne connaissons pas, après avoir trouvé une porte fermée plusieurs matins de suite, nous n'essayons plus de l'ouvrir ; le savant qui réussit une expérience, s'attend à ce qu'augmentent encore ses chances de la réussir la fois suivante.

Deuxième remarque, valant aussi bien pour les organismes supérieurs que pour l'homme. On dirait que nous portons en nous un appareil d'abstraction inné. Mon ami Eibl-Eibesfeldt raconte l'anecdote charmante de son fils âgé de trois ans qui, voyant pour la première fois dans son couffin sa petite sœur qui venait de naître, la qualifia de « oua, oua ! ». On ne pouvait pas dissuader l'enfant de diviser le monde animal en « pip, pip », bipèdes et « oua, oua », quadrupèdes. Il me semble que cela provient du trop grand nombre de données sensorielles qui pénètrent dans l'organisme. Lorsque nous faisons des courses de Noël dans une ville encombrée de monde, nous voyons défiler des centaines de milliers de visages qui se dessinent, certes tous, sur la rétine, mais nous n'en conservons qu'une impression très générale, et il ne peut en rester qu'une impression très générale. Toute la pensée conceptuelle semble aller dans ce sens.

Troisième remarque : les organismes des espèces supérieures se comportent comme si le fait qu'un événement attendu ne se produise pas pendant longtemps rendait plus vraisemblable qu'il survienne. C'est, comme chacun sait, une attitude catastrophique à la roulette mais, vis-à-vis de la nature, une attitude d'attente tout à fait défendable. Là encore, me semble-t-il, il se dégage donc quelque chose. Pour commencer, la perception de l'existence d'une sorte de vérité générale du monde, un aspect perceptible et prévisible ; ensuite, l'impression qu'il y a un trop grand nombre de choses pour qu'on puisse les enregistrer séparément. Ce troisième exemple implique aussi la supposition que les choses sont le plus souvent groupées, agglomérées dans le monde. Il est tout à fait vrai qu'au fur et à mesure qu'augmente le nombre de jours de mauvais temps qui se sont succédé le beau temps devient plus vraisemblable.

Enfin le dernier exemple, le plus célèbre, les cygnes — il faut dire que les philosophes sont particulièrement doué pour trouver des exemples ornithologiques. Nous sommes tout prêts à reconnaître que, lorsque nous avons vu de nombreux cygnes blancs, le fait de s'attendre à ce que le cygne suivant soit blanc n'est pas une déduction logique, car il ne peut pas y avoir de conclusion qui soit une extension de la vérité. Mais nous croyons pouvoir montrer empiriquement qu'il existe une appétence, un besoin inné de s'attendre à revoir ce que l'on a connu jusqu'alors. Il serait donc absurde, ayant vu tant de cygnes blancs, de s'attendre à ce que le suivant soit rouge ou moucheté comme une pintade. Or nous avons plutôt tendance à projeter à nouveau sur le monde l'expérience faite jusqu'à présent, et le monde la confirme ou nous instruit le cas échéant.

Pourquoi Kepler a-t-il dit qu'il était un âne ?

Popper : Travaillant constamment sur des hypothèses, nous en inventons constamment et, en fait, cela explique tout. Nous sommes toujours prêts à travailler sur des hypothèses, à risquer des hypothèses sur les choses qui, d'une manière ou d'une autre, nous intéressent. Et ces hypothèses sont aussi bien la roulette que le contraire de la roulette. J'émets une hypothèse aussi bien quand je dis : « Voilà, maintenant, il y en a assez, il va bientôt se passer autre chose », que quand je dis : « Voilà, c'est ce qui se passe toujours. Et peut-être que cela continuera effectivement de la même façon. » Nous raisonnons de l'une ou l'autre manière, mais toujours justement sur des hypothèses, c'est tout.

KREUZER : Votre propos ne recouvre-t-il pas une autre question ? Pourquoi l'homme est-il prépoppérien et pourquoi lui a-t-il fallu attendre Karl Popper pour qu'on lui explique qu'il était dans l'erreur ?

POPPER : C'est un problème historique, dû en partie à Francis Bacon, en partie à Isaac Newton. Non seulement j'ai le plus grand respect pour la personne de Newton, mais je pense, en outre, contrairement à tous ses biographes modernes, que Newton était un homme merveilleux et que toutes ces histoires, que l'on raconte sur lui, sont fausses. Je n'ai pas l'intention d'en parler ici. Mais une chose est sûre : il a considéré les lois de Kepler comme le résultat de l'induction, sans doute sous l'influence de Bacon. Newton considérait qu'il avait pour mission d'expliquer les lois de Kepler. Les lois de Kepler n'avaient pas été découvertes par l'induction, mais Newton déclara explicitement qu'elles étaient confirmées inductivement. Et cela exerça naturellement une influence extrordinaire, justement parce que Newton a exercé à juste titre une influence extraordinaire. Que les lois de Kepler n'étaient pas inductives, je voudrais l'indiquer ici brièvement.

Kepler lui-même a écrit : « Quel âne j'ai été de ne pas avoir remarqué ça plus tôt ! » C'est écrit noir sur blanc chez Kepler. Autrement dit : « J'aurais bien pu retenir plus tôt cette réfutation dans mes notes : c'est un cas flagrant de réfutation ! » Il lui a donc fallu, comme à nous tous, un certain temps pour voir où son raisonnement s'égarait et où était l'erreur. Newton ne connaissait manifestement pas ce passage, ni d'autres de Kepler, et il n'en a donc pas tenu compte. Il a interprété la démarche de Kepler dans l'esprit tout particulièrement non scientifique de ce propagandiste qu'était Bacon, il l'a interprétée comme une induction.

Organe de connaissance ou organe de survie ?

Kreuzer : Serait-il donc abusif d'affirmer que notre cerveau est en lui-même empirique ? Il *veut* pourtant bien croire que les perceptions sensorielles sont exactes.

Popper : Je ne le crois pas. Notre cerveau n'est pas empirique dans ce sens, notre cerveau cherche du matériau nouveau, il saisit de nouvelles informations issues de son environnement. Il ne s'occupe pas de ce qu'il fait, il fait quelque chose. Ce qui est inscrit dans le cerveau, c'est le besoin de découverte. Nous avons tous des dispositions d'inventeurs, mais nous ne nous préoccupons pas de savoir que nous sommes des inventeurs. Ce ne serait plus alors une simple disposition du cerveau mais une réflexion complexe.

Riedl : Nous avons certes des dispositions d'inventeur, mais notre cerveau ne semble pas s'être spécialisé dans la théorie de la connaissance, il est spécialisé dans les fonctions de survie. Et c'est infiniment plus modeste, tout au moins dans le débat de cette matinée. Du temps où j'allais à l'école à Vienne, à l'époque prépoppérienne, on appelait « induction » ce que j'appelle ici « expérience empirique », voulant signifier par là que, d'une manière ou d'une autre, à partir d'une foule d'événements, on se faisait une image générale. Cette idée se trouve déjà chez Goethe, et elle a beaucoup influencé la biologie. Je n'aborde pas ce sujet ici uniquement pour avoir raison sur un point, mais par inquiétude pour un certain nombre de savants qui se considèrent comme pratiquant l'induction scientifique et risquent, le cas échéant, de perdre pied si nous n'arrivons pas à nous entendre tout à fait ici. Cela vaut tout particulièrement pour la biologie, que je représente, et où il importe du reste de ne pas perdre pied, car les problèmes de l'environnement, et beaucoup d'autres, font qu'il est aujourd'hui essentiel qu'elle trouve la bonne voie.

POPPER : Je le répète encore, la formule « science inductive » et le terme induction, c'est la propagande de Bacon. L'important en l'occurrence était de se démarquer de la théologie, de montrer qu'il y existait quelque chose qui ne procédait pas comme la théologie. Celle-ci, affirmait-on, procède de façon déductive, elle est dogmatique. Et Bacon lui opposait l'autre méthode ; celle des sciences naturelles, l'induction de Bacon. C'est ainsi qu'on en est arrivé à ce malentendu qui n'est pas si terrible, mais simplement un peu artificiel. Il faut aller un peu plus loin et dire, au-delà de cette prétendue induction, il y a encore quelque chose d'intéressant.

IL SERAIT RIDICULE D'INTERDIRE LA MÉTAPHYSIQUE

WALLNER : Vous m'avez donné le thème avec le mot induction. Je vous en remercie, car cela pourrait nous conduire à un éclaircissement auquel il me semblerait souhaitable de parvenir aujourd'hui. Dans le monde germanophone, on vous considère toujours Karl Popper, comme un positiviste, ce que je trouve assez bizarre. Et si l'on se demande par ailleurs quel est votre rapport avec le cercle de Vienne, il semble on ne peut plus lointain. J'énoncerai à ce propos quelques remarques générales : vous développez une métaphysique, ou vous admettez à nouveau la métaphysique, ce qui serait absolument épouvantable pour un représentant du cercle de Vienne. Mais d'un autre côté, vous avez aussi indubitablement appris un certain nombre de choses du cercle de Vienne, si l'on songe à ce que vous dites de la discussion rationnelle, à la différence d'une philosophie traditionnelle, pré-établie, spéculative et idéaliste. En ce sens vous avez été un champion du cercle de Vienne et vous l'êtes toujours.

On est forcément frappé d'une chose en lisant vos ouvrages : la référence à Kant. Vous m'avez dit vous-même que vous étiez kantien, et je crois qu'on trouve dans tous vos livres des allusions et des références à Kant. Ce rapport à Kant s'exprime surtout à mes yeux par le fait qu'en ce qui concerne la science vous défendez la thèse de Kant selon laquelle la structure du monde telle que la représente la science n'est pas *donnée* mais *donnée à construire*. Il me semble que c'est le cœur même de votre position épistémologique. D'un autre côté, vous vous trouvez indubitablement en contradiction avec Kant lorsque vous défendez la métaphysique, et les rêves métaphysiques, qu'un kantien ne tolérerait jamais.

Popper : Je n'ai sans doute pas assez souligné que l'essentiel était de séparer la science de la métaphysique, en partie aussi pour donner le champ libre à la métaphysique. Il faut pouvoir dire : voilà un problème intéressant, malheureusement ce n'est pas un problème scientifique mais un problème métaphysique. Peut-être que cela deviendra un jour un problème scientifique, mais en tout cas ce n'en est pas un pour le moment, ce qui n'empêche pas qu'on en parle.

Il serait ridicule d'interdire de parler de quelque chose parce que ça ne fait pas partie de la science. C'est ce qu'a voulu faire le cercle de Vienne. Le cercle de Vienne a installé de grands panneaux d'interdiction pour dire qu'on n'avait le droit de parler que de science, que tout le reste était absurde. En vérité nous pouvons dire beaucoup de choses qui ne relèvent pas de la science, et il faut que nous le puissions — seulement il ne faut pas que nous les fassions passer pour scientifiques. Malheureusement les philosophes ont souvent parlé de leurs idées scientifiques comme si elles étaient non seulement une science, mais même une suprascience. Pour ma part, leurs théories métaphysiques me paraissent plutôt préscientifiques, en tout cas elles ne sont pas contrôlables, ni scientifiquement criticables. Mais dès lors qu'on a dit cela, on est libre de parler de tout ce que l'on veut en métaphysique. Ceux qui ne s'y intéressent pas n'ont qu'à s'écarter, un point c'est tout. Il n'est pas besoin de prononcer des interdictions.

En ce qui concerne Kant, je crois que Kant s'est trompé en pensant que les vérités *a priori,* autrement dit les vérités que nous ne tenons pas de notre expérience, étaient sûres et données. Bien sûr, nous essayons de parler de vérités *a priori,* seulement nous ignorons si elles sont vraies. Il a cru que nous en savions plus que nous n'en savons réellement. Il a eu tout à fait raison de considérer la géométrie euclidienne comme un *a priori,* c'est-à-dire comme quelque chose qui *ne* découlait *pas* de l'expérience et que nous avions construit, mais il a eu tort, nous le savons aujourd'hui, de croire qu'il y avait là une frontière insurmontable. En d'autres termes, bien que grand admirateur de Socrate, Kant n'était pas assez socratique. Il n'avait pas assez appris que nous ne savons rien. C'est là le point principal qui me sépare de Kant. Nous en savons bien moins que Kant ne l'a cru (il était induit en erreur par Newton).

De la biologie en philosophie ? Pourquoi pas !

Wallner : J'aurais voulu poser encore une autre question, mais je ne sais pas si vous avez envie de parler de cela maintenant. On critique parfois votre principe métaphysique, en disant qu'il se fonde sur le prétendu bon sens ordinaire et que c'est en dernier ressort une justification d'inspiration biologiste.

Popper : Cela ne fait rien. *(Hilarité dans l'assistance).* Je suis pour la liberté de pensée. Chacun doit dire ce qu'il considère comme fécond. Et la critique ne doit pas être faite d'observations générales comme par exemple : c'est une démarche à tendance biologiste, ou que sais-je encore, elle doit être concrète et dire pourquoi ce n'est pas admissible. Or cette critique concrète est très rare. Habituellement, on entend des critiques du genre : « C'est dogmatique. Que voulez-vous faire avec ça ? » On ne peut que dire : « Mon cher, émets une véritable critique. » Et l'autre répond : « Je viens de faire une critique, j'ai dit que c'était dogmatique. » Mais ce n'est pas une critique ! Une critique doit essayer de montrer pourquoi une théorie ou un point de vue ne sont pas acceptables, pourquoi ils ne le sont pas dans leur contenu. Le dogmatisme, c'est de refuser de se livrer à cette critique détaillée. En général, les critiques que l'on reçoit sont totalement inintéressantes. C'est ce qu'il y a de triste. Une critique intéressante est toujours plus que bienvenue.

Peut-on parler du « big-bang » ?

Kreuzer : Pour donner au terme métaphysique un peu de substance, la théorie du « big-bang » qui nous occupe beaucoup aujourd'hui dans la vulgarisation scientifique, n'est pas encore une théorie, en fait, c'est encore au sens strict du terme, de la métaphysique ?

Popper : Oui, et tout simplement parce que ce qu'on appelle la constante de Hubble est une variable qui devient un peu plus variable d'année en année.

KREUZER : Il se trouve que je me suis entretenu pendant deux heures, hier au studio, avec le grand cosmologiste autrichien Thomas Gold qui a énoncé, contre la théorie du « big-bang », la théorie du « steady state », et il pense que ces deux théories, même la sienne, sont également fausses et qu'il faut travailler à en élaborer une troisième. Dans l'esprit de cette critique ce sont là de pures spéculations métaphysiques et non pas des théories physiques. S'il était interdit de faire de la métaphysique, on ne pourrait donc plus méditer sur le « big-bang ». Est-ce bien cela ?

LA MÉTAPHYSIQUE SE PRÊTE-T-ELLE À LA RÉFUTATION ?

WEINGARTNER : Je voudrais soulever deux points qui, bien sûr, intéressent tout particulièrement le philosophe : le problème de la vérité et celui de la limite entre métaphysique et science. A propos de la vérité : je pense vraiment que toi, Karl, dans tes travaux, tu as apporté des points de vue radicalement nouveaux sur ce vieux problème, je dirais même cet éternel problème qu'est la métaphysique. Et ce n'est pas facile, d'ajouter à un éternel problème de la philosophie des points de vue nouveaux, ce n'est réservé, dirais-je même, qu'à un petit nombre d'entre nous. L'une de tes idées nouvelles a été de toujours souligner que même en science il ne suffisait pas de se demander si quelque chose était vrai. L'objectif de la science n'est pas de juxtaposer un grand nombre de vérités uniques et singulières que l'on ne peut pas mettre en corrélation. Son objectif n'est guère d'établir des vérités sans intérêt, par exemple des vérités comme X = X, égalité qui peut être très intéressante en logique, mais reste triviale et insignifiante dans les sciences expérimentales. En d'autres termes, tu as introduit l'idée du contenu empirique. Quand une proposition de science expérimentale est-elle empirique ou plus exactement quand a-t-elle un contenu d'information empirique ? Lorsqu'il y a une catégorie de propositions vérificatrices, de propositions vérificatrices empiriques qui la contredisent ; si cette catégorie n'est pas vide, la théorie est réfutable et elle a un contenu. Ainsi se trouve posé également le critère de délimitation.

L'autre élément important que tu as apporté au problème de la vérité me semble être la tentative de répondre à la question : que faire lorsque nous pensons que deux ou trois solutions, hypothèses que nous avons envisagées sont vraisemblablement ou presque certainement fausses ? Y a-t-il moyen de dire objectivement que l'une vaut mieux que l'autre ? Autrement dit peut-on établir une théorie méthodologique qui nous aide à distinguer les hypothèses plus proches de la vérité de celles qui en sont le plus éloignées et, par conséquent, à éliminer les plus mauvaises ? Je ne veux pas m'attarder ici sur cette théorie de l'approche de la vérité, parce que c'est un problème de logique peut-être un peu trop compliqué ; on continue à travailler sur cette question.

Je reviens au critère de délimitation : la réfutabilité et le contenu empirique des propositions constituent le fondement de la différenciation entre métaphysique et science, c'est une distinction tout autre que celle qu'établissait le cercle de Vienne entre sens et non-sens. Elle affirme que les propositions métaphysiques ont un tout autre rapport aux propositions expérimentales que les propositions scientifiques.

Je voudrais poser un problème à ce propos : en parcourant certaines théories métaphysiques de l'histoire de la philosophie, en tout cas, celles qui ont toujours été défendues comme de pures théories métaphysiques, j'ai remarqué que les meilleures ont effectivement des implications empiriques. La théorie de l'être chez Parménide en est un exemple : « L'être est, le non-être n'est pas ! » Parcourant des fragments de cette théorie, on s'aperçoit que, persuadé par ailleurs d'une homogénéité de l'univers, il est forcé de nier le mouvement, or la négation du mouvement choquait déjà ses contemporains qui ont déclaré que ce ne pouvait pas être juste !

Je pense qu'il y avait véritablement là une conséquence empirique, même si Parménide essaie de se tirer d'affaire en prétendant qu'il n'en est ainsi que dans le monde des apparences. Et je pourrais énumérer encore quelques autres théories, quelques théories métaphysiques du Moyen Âge qui avaient aussi des implications empiriques. Je serais tenté de formuler une opinion provocatrice en disant que les meilleures théories métaphysiques ont, si on les interprète rationnellement, et peut-être aussi à la lumière de la science moderne, d'intéressantes conséquences empiriques, qu'elles sont donc vérifiables et réfutables.

CONTRIBUTION AU « FESTIVAL DE L'IMAGINATION »

POPPER : Oui, nous sommes tout à fait d'accord sur ce point. En ce qui concerne Parménide, j'ai dit que la réfutation empirique de Parménide avait conduit à la première théorie empirique de la matière, la théorie atomique. Je l'ai exposé aussi dans différents travaux en partie publiés. On peut aussi employer l'argumentation de Parménide pour réfuter sa proposition finale : « Le mouvement n'existe pas », et séparer en quelque sorte toute l'argumentation en deux, comme avec une fermeture Éclair, pour montrer qu'il y a du non-existant au sens de Parménide, qu'il y a l'espace vide et que cet espace vide est plein d'atomes. C'est ce qu'ont manifestement fait Leucippe et Démocrite. Je suis tout à fait d'accord avec toi pour penser qu'une théorie métaphysique peut le cas échéant être attaquée et réfutée. Mais c'est la réfutation qui rend une telle théorie empirique.

KREUZER : C'est quand même la démarche qui relie le tout : on ne peut pas jeter la métaphysique et les hypothèses et théories anciennes par-dessus bord, les mettre à la poubelle de notre science, mais elles doivent nous montrer la valeur que sont susceptibles de revêtir pour la science les hypothèses, même quand elles sont d'ordre métaphysique.

POPPER : Ses idées sont ce que l'homme possède de plus précieux. Nous n'avons jamais assez d'idées. Nous souffrons en permanence d'une pénurie d'idées. Et les idées constituent un bien si précieux qu'il faut traiter avec respect la métaphysique et en discuter avec déférence — peut-être sortira-t-il quelque chose de ces idées. Bien sûr, et c'est là le problème, d'abord nous n'avons pas assez d'idées, ensuite d'une façon générale leur discussion ne donne pas grand-chose, parce que nous n'avons pas assez d'idées pour la critique des idées. La critique elle-même a toujours besoin de nouvelles idées critiques.

KREUZER : Dans cette mesure, nous pourrions intégrer notre symposium au « Festival de l'imagination » dans le cadre de la semaine qui se déroule en ce moment à Vienne. Je vous remercie.

DEUXIÈME JOURNÉE

LES TROIS MONDES

(Karl R. Popper, Irene Papadaki, Franz Seitelberger, Marianne Fillenz, Gerhard Vollmer)

POPPER : Nous allons parler aujourd'hui de la réalité des trois mondes, et en particulier du monde trois. On y retrouve le problème corps-esprit, sans doute le plus grand problème, le plus ancien et le plus délicat de toute la métaphysique. La question se pose en outre de la relation entre les trois mondes et de leur ouverture l'un par rapport à l'autre. Ces trois mondes ne s'inscrivent pas dans le contexte de la science au sens des sciences de la nature. Ils relèvent d'un domaine qu'il faut dénommer autrement, disons la métaphysique. Ce ne sont pas les mots qui importent. Cela veut dire simplement que le débat à propos de ces problèmes sous l'angle des trois mondes doit renoncer d'emblée à toute prétention scientifique. Je vous ai dit hier que la frontière entre science et métaphysique avait entre autres la fonction de nous permettre de parler métaphysique justement sans avoir de prétentions scientifiques.

MONDE DES OBJETS, MONDE DES PROPOSITIONS : ENTRE LES DEUX, LE MOI

J'aborderai directement le problème monde un, monde deux, monde trois. C'est une terminologie provisoire. Nombre de philosophes se sont épouvantablement excités sur ce point, mais c'est quelque chose de tout simple qui n'a absolument pas besoin d'être mis en relation directe avec aucune théorie philosophique. J'entends par monde un le monde des verres, des instruments, des lunettes, des personnes, des tables et ainsi de suite : le monde physique. Le monde deux est le monde de nos expériences. Là, ça devient déjà crucial : beaucoup de philosophes sont persuadés que la simple distinction entre monde un et monde deux a une signification profonde et obscure associée à des idées réactionnaires. Il y a en particulier des philosophes qui affirment que le monde un et le monde deux sont en tous points identiques. Ils disent donc : ce que vous entendez à l'instant de ma bouche, disons le sentiment d'ennui que vous éprouvez à m'écouter, c'est exactement la même chose que vos cheveux ou vos ongles : d'une façon ou d'une autre, sur laquelle je ne voudrais pas anticiper, il y aurait là une identité. C'est possible, peut-être en est-il véritablement ainsi. Je ne veux pas avoir l'air de m'y opposer. Néanmoins la distinction entre monde un et monde deux est nécessaire, ne serait-ce que pour dire qu'ils sont identiques, ou qu'ils ne le sont pas. Si on n'établit pas de distinction, il ne peut pas être vraiment question d'identité. Lorsqu'on affirme que deux choses sont identiques, cela signifie qu'elles ne font qu'un. Mais pour pouvoir dire qu'elles ne font qu'un en réalité, encore faut-il au départ les distinguer d'une manière ou d'une autre. La distinction que j'établis entre monde un et monde deux ne signifie pas que ma philosophie recouvre de sombres arrière-pensées.

Il en va différemment du monde trois. J'entends par là le monde des produits de l'esprit humain. Et il y a une difficulté. A mon avis, il est très important, peut-être même essentiel, que le centre du monde trois soit le langage humain avec ses caractéristiques spécifiques : le langage humain avec ses propositions, qui peuvent être vraies ou fausses. C'est ce que j'entends essentiellement par monde trois. La culture s'est développée à partir de ce langage, ainsi ont vu le jour des symphonies, des livres, des tableaux, des bouteilles, autant de produits de l'activité humaine... les avions sont des produits particulièrement importants. Toute l'organisation d'un vol relève des produits les plus importants de l'esprit humain. Il n'est pas un individu qui « connaisse » toutes ces mesures d'organisation et de sécurité. Personne ne les connaît dans leur ensemble. Mais elles sont manifestement le produit de notre esprit. Toutefois ces produits relèvent *en partie* du monde un. Ce verre, devant moi, appartient au monde un. Mais, dans la mesure où il est un produit de l'esprit humain — il n'y a peut-être pas *beaucoup* d'esprit en lui, mais quand même un petit peu —, il ne relève pas uniquement du monde un mais aussi du monde trois. Un livre, c'est autre chose. Le livre, dans la mesure où il pèse, où c'est un corps physique, fait partie du monde un et, dans la mesure où il a un contenu, un contenu de langage, il fait partie du monde trois. Je ne crois pas qu'il y ait là rien de très compliqué.

Le monde trois n'est pas mon invention. J'ai trouvé cette idée pour la première fois dans les ouvrages du très grand philosophe autrichien Bolzano, prêtre catholique qui a grandi dans la Tchécoslovaquie actuelle. Bolzano parle de « propositions en soi », et il ne veut pas seulement dire par là les propositions rédigées sur le papier comme faisant partie du monde un, il entend par « propositions en soi » le *contenu,* le contenu des propositions que nous saisissons par une expérience du monde deux, une expérience psychologique. Nous avons donc d'après Bolzano un monde un, ce sont les écrits ; un monde deux, ce sont nos expériences, lorsque nous lisons ces écrits ; et un monde trois formé des contenus de ce que nous lisons, avant tout le contenu des propositions.

La théorie du monde trois est tout à fait ancienne. J'ai demandé à Irene Papadaki de nous faire un rapport sur la préhistoire des trois mondes dans l'Antiquité grecque. Le monde trois et ses origines dans l'Antiquité grecque sont en effet le sujet de sa thèse et d'un séminaire qu'elle dirige. Elle aurait naturellement préféré s'exprimer en grec, mais elle a préparé un condensé en allemand sur ce sujet.

Des stoïciens à Popper

Papadaki : Le monde platonicien des idées et des formes est un empire de choses éternelles, vraies, immatérielles. Ce sont des entités conceptuelles, objectives : *non pas* des représentations dans notre esprit, *ni même* des représentations de dieux. Elles ne relèvent *pas non plus* du langage, car bien que ce soient en quelque sorte des concepts réifiés, ils sont immatériels. Ce sont précisément des idées comme la justice ou la beauté. Elles existent *avant* la création du monde matériel. Platon les considère comme des archétypes, des modèles de la structure du monde. Il les utilise pour expliquer la structure et la genèse du monde. Elles jouent aussi un rôle dans la théorie de l'histoire chez Platon. On voit bien que ce monde des idées platoniciennes est très différent du monde trois de Popper. Son analogie avec le monde trois réside pour l'essentiel uniquement dans le fait que ces choses relèvent d'un monde abstrait qui *vient s'ajouter* aux deux mondes concrets, le monde un et le monde deux. Mais la différence importante est que le monde trois de Popper est étroitement lié au langage humain. Tout au contraire du monde des idées chez Platon, le monde trois est un produit humain et il se développe dans un rapport d'interaction avec l'esprit humain.

La théorie des idées chez Platon a été critiquée par Aristote, surtout à cause de son caractère extra-empirique. Aristote essaya d'éviter les difficultés logiques de la théorie des idées. Cela le conduisit à orienter surtout sa théorie de la connaissance sur le monde deux, introduisant ainsi le subjectivisme dans la théorie de la connaissance. Le savoir était à ses yeux un état du sujet, une sorte d'union du sujet connaissant avec l'objet de sa connaissance, ce qui est en opposition on ne peut plus violente avec la théorie popperienne de la connaissance objective. Aristote est donc le père de l'orientation subjectiviste de la théorie de la connaissance qui régna pratiquement en maître exclusif jusqu'à Bolzano.

On trouve une tout autre réaction à la théorie platonicienne des idées et une orientation, une philosophie présentant plus de points communs avec celle de Bolzano, de Frege et de Popper, dans la doctrine de l'école stoïcienne, à l'époque hellénistique. La difficulté en ce qui concerne la théorie stoïcienne réside dans le fait que nous ne disposons que de rapports assez peu fiables sur ces auteurs et qu'il ne nous reste qu'un petit nombre de textes authentiques, le plus souvent fragmentaires. Notre connaissance de la doctrine des stoïciens provient même en grande partie des commentaires de leurs adversaires philosophiques —, or les oppositions philosophiques étaient alors presque aussi violentes qu'aujourd'hui. Dans la mesure où l'on arrive à reconstituer la philosophie stoïcienne, on se trouve en présence d'une théorie intéressante, très subtile et très inventive : la théorie d'*une connaissance objective*. Il semble que les stoïciens aient en effet établi la distinction entre une connaissance subjective et une connaissance objective ; et, point important, ils concevaient la connaissance objective d'un point de vue très réaliste comme une connaissance liée au langage, créée par l'homme. Par ailleurs, ils insistent sur le rôle des *propositions* ou des *énoncés,* par opposition aux concepts. Cela les conduit à une très originale logique des propositions. Ce que Bolzano appelle les « propositions en soi », Frege les pensées ou le contenu des propositions, les stoïques l'appellent *lekton*. (C'est un terme de grec ancien qu'Henri Gomperz traduit par « contenu de la proposition ».)

L'analogie entre la doctrine stoïcienne et celle de

Popper est frappante. Mais il y a bien évidemment aussi des différences. Par exemple, la doctrine stoïcienne, pour autant que nous arrivions à la reconstituer, ne parle pas explicitement du caractère évolutionnel du monde. Néanmoins, indirectement et même par référence à sa cosmologie et à son anthropologie, on pourrait conclure à une croissance du savoir. Les stoïciens insistent même sur l'immense importance des attributs « vrai » et « faux », et ils expliquent que les attributs « vrai » et « faux » ne peuvent pas s'appliquer à des processus de la conscience mais uniquement à des propositions du discours. La fameuse théorie du logos chez Héraclite peut aussi être interprétée, me semble-t-il, dans le sens du monde trois. Héraclite s'était rendu compte de l'importance du langage humain pour les lois naturelles du monde. Il est certain qu'il avait clairement vu le caractère problématique de toute prétention à la vérité et qu'il plaçait donc le problème de la vérité au centre du problème de la connaissance. Il fut le premier à se méfier de la perception des sens et à déclarer que nous devions chercher activement, si nous voulions trouver quelque chose. Ses textes montrent les possibilités contradictoires qu'offrent l'interprétation du langage, la pluralité de sens du discours, ce qu'il y a, par là même, de problématique dans toute langue, et la nécessité pour nous de nous protéger des possibilités offertes par le langage ; notre rapport au langage doit être un rapport vigilant, actif, exploratif.

POPPER : Madame Papadaki a évoqué surtout la philosophie stoïcienne qui présente un grand nombre de points communs avec ma théorie du monde trois. On peut donc bien dire qu'il n'y a pas grand-chose de nouveau dans ma théorie. La seule véritable nouveauté est peut-être la relation que j'ai établie avec le darwinisme. En d'autres termes, je crois voir dans l'évolution darwiniste de l'homme un stade décisif, celui de l'invention du langage qui a déjà été décrit en un certain sens par les stoïciens, non pas en tant qu'invention darwiniste, mais tout simplement comme nouveauté radicale dans le monde. Le « lekton » est ce que le langage décrit, le contenu du discours, comme l'a bien dit Gomperz. Voyons maintenant pourquoi je considère ce contenu du discours comme le cœur de la culture, le cœur du monde trois ? Je pense que dans l'évolution humaine, les outils jouent un rôle particulièrement important, or le seul outil qui nous soit inné n'est sans doute pas le bâton comme on l'a cru un certain temps parce que tous les hommes portaient des bâtons mais, précisément, le *langage.* Il a une importance extraordinaire pour notre personnalité, pour le monde deux, pour notre vie intérieure. Mais il est en même temps un élément objectif, comme un instrument, un outil. C'est un élément objectif et il fonde en tant que tel ce que j'appelle le monde trois, à savoir *le monde des produits objectifs de l'esprit humain.*

Le rapport entre nos expériences et notre corps, ou plus particulièrement encore notre esprit, est ce que l'on appelle le problème corps-esprit, un problème extrêmement délicat. J'ai écrit avec mon ami Eccles un ouvrage au début duquel je précise très clairement que le livre ne résout pas le problème corps-esprit ; je doute qu'il y ait une solution à ce problème. Je ne propose aucune solution, je le dis explicitement. Beaucoup n'ont pas compris ce qui était dit, et puis ils se sont aperçus que le livre n'apportait effectivement pas de solution au problème corps-esprit. Mais le livre modifie un peu le problème, justement par le fait qu'il introduit ce monde trois. Ma thèse est que l'esprit humain ne se trouve pas seulement dans un *rapport d'interaction avec le cerveau* mais aussi dans un *rapport d'interaction avec ses produits*, surtout avec le langage. En apprenant à parler, nous apprenons aussi à modifier notre intériorité, nous apprenons surtout que nous sommes un moi, puisque nous parlons avec d'autres « moi ». J'ai toujours essayé de montrer que, dans le rapport d'interaction avec les autres et avec le langage, résidait une part de la conscience spécifiquement humaine, par opposition à la conscience animale.

LE CERVEAU, HYPOTHÈSE QUI PRODUIT DES HYPOTHÈSES

SEITELBERGER : Il a été dit hier que l'on pouvait concevoir le processus d'apprentissage comme la production active d'hypothèses sur le comportement dans le monde, hypothèses qui se vérifiaient ou étaient réfutées et assuraient ainsi la marche de l'évolution. Ce comportement hypothétique est commandé, chez les êtres vivants supérieurs, par le cerveau, et l'on peut dire à cet égard que le cerveau est une théorie de la nature acquise au cours de l'évolution. Mais la particularité, et même la particularité unique du cerveau humain, réside en ceci qu'il n'est pas seulement une théorie ou une hypothèse sur la nature par sa simple existence ou son fonctionnement, mais qu'il projette lui-même des hypothèses et des théories dans le monde, il les produit activement et il les met en application.

Cette fonction décisive du cerveau a certes des origines précises dans le processus de l'évolution, mais elle ne se situe plus dans un processus biologique, elle se situe dans un processus culturel, justement ce monde trois de Popper. Je voudrais dans ce qui va suivre prendre position sur la théorie des trois mondes du point de vue de la recherche sur le cerveau et en particulier discuter les conditions d'existence neurobiologique du monde trois, monde des produits de l'esprit.

La description scientifique du cerveau doit partir du principe qu'il s'agit d'un organe indivisible dont la fonction globale est intégrée à l'existence réelle de l'individu. En d'autres termes, on ne peut pas réduire l'homme à son cerveau, même si celui-ci est le plus humain de tous les organes. D'un autre côté, il faut distinguer dans le cerveau, d'un point de vue analytique, trois niveaux différents à étudier avec des méthodes différentes. D'abord, l'organe lui-même : il a naturellement une évolution, et même une histoire évolutionnelle très curieuse, une anatomie complexe, des données physiques et chimiques de son existence et de sa vie. Ces données correspondent pour l'essentiel à celles des autres organes, mais elles présentent aussi certaines particularités. Passons à la structure fonctionnelle du cerveau : le rapport entre fonction et structure à l'intérieur du cerveau est celui d'une forme de système, système au sens technique du terme, c'est-à-dire d'une multiplicité de parties réunies en une unité fonctionnelle de traitement d'information pour la commande du comportement. La véritable fonction de ce système, soutenu par des activités organiques, réside dans les programmes de traitement d'information, autrement dit dans les schémas dynamiques et spatiaux de stimuli nerveux. Ces programmes de traitement d'information peuvent très bien se comparer au « software » d'un système technologique de traitement d'information. Mais il ne faut pas réduire le cerveau au statut d'ordinateur. Dans cette optique, les processus de fonctionnement du cerveau ne sont pas des objets du monde un, ils possèdent une réalité fonctionnelle, précisément celle de l'information. Une petite partie de ces processus s'accompagne d'une prise de conscience, plus exactement, certains résultats du traitement de l'information à l'intérieur du cerveau accèdent à la conscience, ce sont des perceptions, des sentiments, des désirs. De ce point de vue, la conscience est un côté intérieur subjectif, une intériorisation de notre comportement. Elle n'a pas de réalité substantielle, il s'agit d'une qualité de l'activité du cerveau qui apparaît à un certain degré de complexité de l'organe cervical.

En ce qui concerne les relations entre le cerveau et la conscience, autrement dit le problème corps-esprit, je voudrais n'évoquer ici qu'un aspect en disant qu'il n'y a pas entre les phénomènes subjectifs de la conscience et l'activité matérielle du cerveau de liens de causalité ni d'identité, il y a plutôt interdépendance et complémentarité. La conscience nous livre à partir d'une sélection dont les critères nous restent inconnus une vision du monde individuellement pertinente dans laquelle les objets, les lieux et les événements jouent le rôle déterminant. C'est ainsi que se forme la conscience chez l'homme et même chez les animaux, tout au moins les animaux supérieurs. Mais pour les fonctions supérieures du cerveau humain, cette conscience ne suffit pas. Ils supposent un autre niveau de fonctionnement, un niveau de réflexion que nous qualifions de conscience de soi. Pour définir brièvement la conscience de soi, on pourrait dire que c'est la perception intérieure de l'être vivant non seulement *dans* son monde, ce qui correspondrait à la simple conscience, mais aussi *vis-à-vis* du monde. Par la conscience de soi, l'individu fait l'expérience du monde et en même temps de lui-même en tant qu'objet de ce monde, il est conscient à la fois de son expérience subjective et de sa propre existence, autrement dit, réflexion double, *mode d'expérience duelle* de l'existence une et indivisible de l'individu. Cette expérience duelle de la conscience de soi repose naturellement sur des données de l'évolution : d'abord la complexité du cerveau, en particulier le développement de l'écorce cérébrale, et sur des données fonctionnelles, par exemple le vaste éventail complet de l'expérience humaine qui ne recouvre pas seulement l'ensemble de notre environnement tel que nous le présentent nos sens, mais aussi notre propre univers, y compris les pulsions instinctives ainsi soumises au contrôle du comportement. Ensuite, la perception des objets, et en relation avec elle, grâce au sens du temps, la possibilité d'enregistrer le déroulement des processus dans le monde réel ; et venant encore s'ajouter à cela, l'incroyable accroissement de la capacité d'apprentissage, au sens d'une assimilation des structures du réel disponibles pour l'organisation du comportement par le biais de la mémoire. Cette capacité de reproduire des traces d'expérience passagère est aussi la condition de l'identité temporelle, de l'historicité de la personne humaine. La perfection de la perception des objets s'applique aussi chez l'homme à son propre corps, dont la représentation par le schéma corporel est incroyablement précise et complète, l'expérience de la douleur constituant un facteur essentiel de la référence individuelle du sujet à lui-même.

Venons-en aux produits de fonctionnement du cerveau : au degré de puissance de fonctionnement du cerveau correspond une certaine catégorie de produits. En intensifiant son activité, le cerveau peut, et c'est l'élément décisif, non seulement concevoir comme hypothèses sur le monde des *modèles réels* mais aussi des modèles de réalité possible, autrement dit des *objets-modèles*. La capacité de reproduction et de calque du monde se transforme brusquement en création d'un monde possible, dans le sens de la capacité de représentation, incluant la projection dans l'avenir de l'évolution possible, souhaitée ou attendue, mais éventuellement aussi redoutée, de situations réelles. Mais cette capacité de représentation est on ne peut plus étroitement liée au langage, plus exactement à la faculté du langage que possède notre cerveau et qui a rendu possible dans l'histoire de l'espèce humaine l'apprentissage de la parole. L'exercice de la parole signifie que les produits de traitement de l'information que nous avons décrits, par exemple le schéma de stimuli d'un objet, d'un événement, d'une certaine situation dans l'espace, que tous ces produits se voient attribuer un code radicalement nouveau par l'intermédiaire de la codification neurophysiologique complexe des signaux, qui simplifient et schématisent incroyablement, mais peuvent en même temps intervenir à la place de groupes d'objets entiers au titre de la représentation symbolique. C'est seulement à partir de ce moment-là que sont possibles la pensée, la projection dans le futur, l'action et la mémoire au degré de perfection qu'on leur connaît chez l'homme, ainsi que la *réalisation* de structures représentatives formulées par le langage, la fabrication d'outils ou de produits de la technique.

Ce monde des produits de l'esprit marqués par le langage correspond au monde trois, autrement dit à la somme et à l'ordre d'équivalents de la réalité, autonomes, extériorisés, produits par le cerveau et qui, coupés de l'organe qui les a portés, constituent une couche particulière de la réalité, une couche de réalité fonctionnelle *méta-organique,* qui engendre ses organisations propres, présente ses propres lignes d'évolution, constituant dans leur ensemble ce que nous appelons la culture. Comme je viens de le dire, c'est une forme de réalité fonctionnelle, mais elle présente de multiples potentialités de réalisation. Les objets du monde trois peuvent être des pensées de la conscience, véhiculées par des processus de fonctionnement du cerveau, traitées par des modules de l'encéphale ; leur somme ou l'ensemble de leurs structures autonomes constitue ce que l'on appelle la *connaissance* au sens le plus strict du terme. Mais elles se concrétisent aussi dans des institutions, des productions et des organisations de toutes sortes, dans les œuvres d'art, la musique, les livres et les produits de la technique, qui constituent à leur tour une deuxième nature réelle d'éléments du monde trois, c'est cette nature seconde qui nous cause actuellement le plus de problèmes. L'évolution ne joue plus un rôle déterminant dans les processus de la culture, en tout cas pas dans les temps historiques, ils échappent à l'évolution : la culture est un produit postévolutionnel dont le mode de déroulement est l'histoire ; celle-ci présente certes plus d'une analogie avec le processus d'évolution biologique, mais il est essentiel de l'en distinguer.

LE CERVEAU FAIT LE LANGAGE, LE LANGAGE FAIT LE CERVEAU

KREUZER : Peut-être un mot à propos du recoupement des deux évolutions, l'une des principales idées de la théorie des trois mondes est que le cerveau humain a produit les débuts du langage, mais qu'en même temps seul le commencement du langage a véritablement fait le cerveau de l'homo sapiens, qu'il y a donc eu là un mécanisme de rétroaction, et un mécanisme très rapide, qui n'a jamais pris que quelques dizaines de milliers d'années.

SEITELBERGER : L'une des étapes décisives de l'évolution que je n'ai pas évoquée ici, est le redressement du corps, à une époque où le cerveau était encore très petit, la main et la bouche ont été libérées des fonctions de locomotion et d'alimentation qui étaient les leurs jusqu'alors, elles n'ont plus exercé de fonction exclusivement prédatrice. Cela a créé d'incroyables possibilités d'action, qui ont exercé une énorme *pression de sélection,* comme disent les évolutionnistes. Et puisque nous parlons de la main, je voudrais souligner l'importance tout à fait déterminante de la main pour la connaissance, ne dit-on pas « saisir » pour « comprendre une réalité » ? Kant a très significativement désigné la main comme « la pensée extérieure ». Il me semble qu'on ne saurait dire mieux. Et la bouche a dès lors été libre de se consacrer à la communication, à la communication émotionnelle par l'expression physionomique et, pour finir, au langage, et au langage comme moyen de s'entendre sur la réalité, non pas un langage composé de cris d'alarme, d'interjections, de réactions émotionnelles, comme le langage des animaux, mais un langage portant sur les situations réelles, à propos desquelles on peut ensuite raisonner.

NON PAS SUBSTANCES, MAIS RAPPORTS D'INTERACTION TION

POPPER : Je m'intéresse surtout à savoir où se situent les différences. Je voudrais montrer pour commencer qu'elles ne résident certainement pas dans l'élément substantiel, que la conscience n'a pas de caractère substantiel. Je l'ai toujours dit avec insistance, et j'ai dit surtout que la physique moderne nous avait appris que même la matière n'avait pas de caractère substantiel. Toute idée de substance s'est plus ou moins dissoute dans le néant du fait de l'évolution de la physique moderne. Un champ n'a aucune substance, un champ se compose de forces vectorielles abstraites : il y a une force de ce type en chaque point du champ. Il est vrai que la notion de force, introduite par Newton, a été rejetée par les matérialistes comme une notion occulte. Ils l'ont rejetée à juste titre, car ce n'est plus une notion matérielle. Tout cela a pris une allure de plus en plus évanescente. Einstein a parlé de « champs fantomatiques », et on a procédé ici, à Vienne, à des expériences sur les neutrons, qui ont mis en évidence des champs fantomatiques ; si les résultats se vérifient, cela veut dire qu'il y a des « champs fantomatiques » qui sont réels, autrement dit qui ne se manifestent que lorsqu'ils ont des interférences avec d'autres « champs fantomatiques ».

Je le répète donc, je ne suis partisan d'aucune notion de substance, pas même en physique, et encore moins dans le domaine de la conscience, en psychologie. Je comprends très bien que vous n'aimiez pas l'idée d'interaction, parce qu'elle a été utilisée d'abord par des gens qui avaient une conception substantielle du corps et une conception substantielle de l'esprit. Le vieux problème du corps-esprit était lié à l'idée de *substances*. Mais la théorie des substances s'est volatilisée. Ce qui n'a pas disparu et qu'il faut très modestement poser comme un grand problème c'est le fait que, si je veux, je puisse faire des mouvements, que donc ma volonté exerce d'une manière ou d'une autre une influence sur mes nerfs et sur mes muscles, c'est un véritable problème. Il y a parmi les philosophes ceux qu'on appelle les philosophes de l'identité ; ils prétendent que ce n'est pas un problème. J'estime que c'est de l'immodestie. On n'a pas résolu un problème sous prétexte qu'on a dit : « Eh bien, voilà, les choses sont identiques. » C'est tout ce que je puis vraiment dire sur ce point. Et je le maintiens, lorsque je parle d'interactions, je veux parler d'un problème pendant, non pas d'une solution.

La conscience animale

Fillenz : Karl Popper affirme que la sélection naturelle violente est remplacée par la sélection non violente des hypothèses ; je le cite : « Nous pouvons faire mourir nos théories à notre place. » Malheureusement, je ne partage pas tout à fait son optimisme. La sélection des hypothèses peut être encore plus violente et plus sanglante que la sélection naturelle darwiniste. Mais je ne veux pas anticiper sur le sujet de demain, je m'occuperai du problème de la conscience et du dualisme, problème central de la recherche sur le cerveau et de la philosophie. Et je voudrais poser quelques questions à Karl Popper.

Je voudrais demander d'abord si la conscience est un phénomène purement humain, quelque chose qui est lié à l'apparition de l'homme dans l'évolution, ou si l'on peut déjà observer ce phénomène à des stades préhumains, chez les animaux. Les phénomènes électriques qui se déroulent dans le cerveau s'observent aussi chez les animaux et non pas uniquement chez l'homme. Nous pouvons donc en déduire qu'il existe aussi une conscience animale. Les animaux manifestent clairement des signes d'espoir et de déception qui entraînent des comportements très spécifiques. Or, espérer signifie élaborer un modèle ; car cela suppose la création d'une image ou d'un concept présents, alors que l'objet correspondant n'est pas encore présent. Il a été dit hier que la conception de modèles et de représentations, était une activité humaine, une condition préalable à la formulation du problème de la vérité et du mensonge ; et que cela n'existait pas chez les animaux. Il semblerait donc que l'élaboration de modèles et le mensonge ne soient pas forcément liés, et que l'élaboration de modèles se produise déjà chez les animaux.

Ma deuxième question serait dans quelle mesure on peut expliquer le comportement animal sans recourir à une notion de conscience animale. Or la réponse à cette question est exactement la même pour les animaux que pour l'homme, car nous n'avons pas d'accès direct à la conscience d'autres êtres que nous-mêmes, pas plus que nous n'avons d'accès direct à la conscience animale. La preuve de la réalité de la conscience humaine est apportée par les produits de cette conscience, autrement dit le monde trois. Mais il y a des produits analogues dans le monde animal : le chant de l'oiseau a, par exemple, aussi une forme et une structure et peut-être même une signification analogue.

KREUZER : Ce sujet a été abordé au cours de l'entretien avec Konrad Lorenz, sous le titre « Le moi du coq et le moi de l'homme ». Mais peut-être irons-nous un peu plus loin.

POPPER : En tout cas, j'en ai traité aussi dans le texte qui s'intitule « Le moi et son cerveau ». L'une de mes discussions avec Jack Eccles a été consacrée à le persuader à grand-peine qu'il y aurait de bonnes raisons de supposer que les animaux avaient une conscience analogue à la nôtre. Ce que tu traduis par « espoir » et « élaboration d'un modèle », c'est très exactement ce que j'appelle « production de théorie ». Peu importe que l'on parle de « modèle » ou de « théorie ». Je vais jusqu'à dire que nos organes sont des théories. Nos yeux sont des théories, sur lesquelles nous nous fondons pour penser que le monde va continuer de nous envoyer des signaux lumineux qui justifieront l'effort d'avoir développé ces théories — il y a bien longtemps, sans doute, alors que nous étions encore des poissons. A l'intérieur de nos organes, nous nous représentons par anticipation certaines parties du monde et nous prenons un risque. Nous « investissons » en quelque sorte dans nos organes. L'attente est un élément de la vie. La vie veut que nous ayons des attentes, que nous construisions des théories et que nous essayions de résoudre des problèmes à l'aide de ces théories. Tous les organismes résolvent des problèmes, même les plantes, pas seulement les animaux.

Quant au rapport entre la conscience et l'homme, ma réponse est tout à fait claire : mon hypothèse est que non seulement les autres hommes ont une conscience, mais aussi les animaux. Quand on connaît un chien, il ne fait aucun doute que le chien a besoin d'être aimé. Seulement, quelle est la différence entre la conscience animale et la conscience humaine ? La différence est le langage humain qui permet la critique. Tout le reste est secondaire.

La paix n'est pas antinaturelle

L'élément décisif, c'est précisément que nous puissions faire mourir nos théories à notre place, que nous puissions les critiquer et que la sélection naturelle, qui sinon nous aurait détruits, se contente de détruire à notre place la théorie. Ce que tu as dit de l'optimisme, c'est très important, mais ce n'est pas pertinent en l'occurrence. Mon optimisme consiste à affirmer qu'il n'est pas antinaturel, qu'il n'est pas contraire à l'évolution, qu'il n'est pas contraire au principe de la lutte pour la vie, de penser qu'il pourrait y avoir un jour la paix dans le monde des humains. Car nous pourrions au lieu de nous trucider mutuellement, rejeter nos théories lorsque nous nous apercevons qu'elles sont inutilisables. C'est un point de vue que je défends ; ce n'est pas une prophétie, mais l'affirmation qu'il ne serait pas antinaturel, ni encore une fois contraire au principe de la lutte pour la vie (comme on l'a si souvent prétendu) de créer dans le monde des humains la paix entre les hommes. On a très souvent dit que la paix serait antinaturelle, et on a même longuement débattu sur ce point il y a environ un siècle. Je dis pour ma part que la nature a elle-même produit le langage et qu'en nous donnant la possibilité de formuler nos théories par le langage, elle a créé une nouvelle dimension qui fait que la paix ne serait pas antinaturelle. Qu'il est difficile de préserver la paix, qu'il se peut que nous nous entre-tuions tous avant d'avoir trouvé cette voie raisonnable, je le sais pertinemment. Mais je tiens à répéter une chose : la raison et l'espoir de la raison ne sont pas antinaturels.

Une horloge à deux cadrans

Vollmer : Une fois, dans un débat sur les programmes d'études, j'ai entendu dire qu'il fallait traiter les classiques de la philosophie et, peut-être même, eux seuls. Le problème est de savoir ce que c'est qu'un classique en philosophie ? On peut apporter une réponse simple, qui n'est pas nécessairement mauvaise : un philosophe peut-être considéré comme un grand classique à partir du moment où il s'est livré à une réflexion constructive sur de nombreux problèmes philosophiques, et l'a fait de surcroît avec une certaine unité méthodologique. En ce sens je pense que Karl Popper est, ou sera, un classique de la philosophie. J'ai aussi essayé de trouver chez lui l'élément dominant et je me suis demandé : comment parvenir à une telle unité possible ? Je crois qu'il y a là trois aspects. Premièrement, le principe de réfutabilité, généralisé en possibilité de critique pour les théories qui ne sont pas vérifiables empiriquement. Deuxièmement, le principe du développement ou de l'évolution qui est évidemment lié au précédent car une critique ou une réfutation nous incitent à inventer quelque chose de nouveau ; et troisièmement sans doute le fait que notre savoir ne sera jamais achevé. Il me semble que le principe de réfutabilité ou le principe de la critique rationnelle joue le rôle d'une sorte de baguette magique avec laquelle sir Karl a touché de nombreux problèmes et les a même touchés de façon constructive. Cela vaut pour l'épistémologie au cours de la séance d'hier, pour la philosophie politique dans la séance de demain, cela vaut aussi aujourd'hui pour le problème corps-esprit et pour d'autres problèmes voisins.

L'expression « problème corps-esprit » laisserait à penser que ce problème est bien défini. Ce n'est malheureusement pas le cas ; cela recouvre tout un ensemble de problèmes. La première question est sans doute la suivante : combien y a-t-il de mondes ou de substances autonomes ? La réponse possible, une seule substance, serait une réponse moniste. La réponse possible, deux, serait une réponse dualiste. Elle peut aussi, au moins en principe, postuler l'existence d'un plus grand nombre de substances et de mondes. Mais il me semble que déjà, d'après cette réponse, le problème corps-esprit se divise ; pour le moniste il se transforme en problème de savoir comment s'expliquer cette diversité d'aspects qu'a évoquée Franz Seitelberger. S'il n'existe qu'un seul monde, comment en vient-on à cette diversité d'aspects qui semblent même en partie inconciliables? Pour le dualiste, le problème le plus important est précisément d'expliquer les points communs, les corrélations, les rapports. Je pense donc que pour le *moniste* le problème corps-esprit réside plutôt dans la question : comment différencier les structures qui présentent *deux* aspects, en particulier les structures du cerveau, de celles qui n'en présentent qu'*un*? Au contraire, pour le dualiste, le problème est essentiellement de préciser, si possible empiriquement, cette interaction. Bien sûr, j'ignore si le problème du corps et de l'esprit peut trouver une solution dans l'un ou l'autre camp, mais je pense qu'il y a quand même là des éléments empiriquement vérifiables, seulement les interrogations ne sont pas les mêmes pour le moniste et pour le dualiste.

Si j'envisage maintenant le principe de réfutabilité ou de criticabilité, je crois que pour des raisons de simplicité, et sir Karl Popper a explicitement montré l'importance de cet aspect de la réfutabilité, il faudrait peut-être commencer par une conception moniste. Si la conception moniste est juste, la conception dualiste ne sera évidemment pas réfutable. En effet, ce que je peux expliquer pour *une* substance, je peux à coup sûr et à plus forte raison, l'expliquer pour *deux*. Il me semblerait donc raisonnable de se fixer pour consigne de commencer par la conception moniste. Il se peut que nous ne réussissions à la réfuter que si nous la poursuivons obstinément.

Toutefois, sir Karl a attiré notre attention sur un argument important et intéressant à propos du darwinisme, qui s'élève contre cette conception théorique de l'identité. C'est l'argument selon lequel l'évolution n'aurait pas suivi un cours différent, en tout cas dans le cadre de la théorie de l'identité, s'il n'y avait pas eu ce deuxième aspect. Étant donné que, suivant la théorie de l'identité, tous les états et les processus du monde deux sont identiques aux états et aux processus du monde un, les états du monde un suffiraient. Les états du monde deux seraient en quelque sorte superflus dans la mesure où ils ne pourraient pas agir sur l'évolution. Ce serait la raison pour laquelle la théorie de l'évolution ou le darwinisme ne sauraient expliquer l'apparition des phénomènes et des processus du monde deux. Cela me semble un argument convaincant contre la théorie de l'épiphénomène, suivant laquelle les états du monde deux ne sont que des *phénomènes superficiels,* sortes de déchets des états et des processus du monde un. Mais je doute que l'on puisse vraiment employer cet argument contre la théorie de l'identité.

Je voudrais éclairer mon propos par un exemple, l'image des horloges, qui a d'ailleurs été utilisée aussi par Leibniz, mais chez lui, pour présenter des positions dualistes. Dans l'optique de la théorie de l'identité, les deux horloges ne seraient pas différentes mais se confondraient en une seule présentant deux aspects, par exemple deux cadrans. Il est bien évident qu'il paraît tout à fait raisonnable d'avoir une horloge à un cadran, mais il peut aussi être tout à fait raisonnable, dans certains cas précis, d'avoir des horloges à deux cadrans.

POPPER : La question nous écarte un peu de ce dont je tiens à parler essentiellement, à savoir la spécificité du monde trois et du langage humain, mais je voudrais quand même tenter d'y répondre.

A propos de la théorie de l'identité, il était une fois un matérialisme. Ce matérialisme consistait avant tout à construire une image du monde simple et péremptoire. La forme la plus simple était la suivante : il y a un ensemble de petites boules, sinon rien. Ces petites boules se comportent de façon tout à fait simple, elles peuvent se heurter. Une autre vision matérialiste du monde était que de petits éléments peuvent s'imbriquer les uns dans les autres, sinon rien. Et ces éléments se comportent d'une façon que nous connaissons très bien, d'après notre propre action dans le monde matériel. Tel était le matérialisme. On raconte une assez jolie histoire du fils qui a une photographie de son père et lit dans le journal une annonce : « Portrait d'après photographie ». Et lorsque le fils voit le portrait de son père, peint d'après la photographie, il soupire : « Pauvre père, comme tu as changé ! » Eh bien, il n'en va pas différemment du matérialisme. *(Rires dans l'auditoire.)* Ce matérialisme simple et péremptoire a suivi une évolution prodigieusement intéressante. Il a abouti à la physique moderne. Or dans la physique moderne, il y a certes des atomes, mais les atomes ne sont pas des structures simples, ce sont des structures intéressantes, incroyablement abstraites. Elles ne se comportent pas comme des bouteilles et des verres, mais selon des lois, énonçant par exemple que sept fois cinq n'est pas égal à cinq fois sept : dans le cadre desquelles autrement dit la loi de commutabilité de la multiplication n'est plus valable, et ne sont plus valables que des lois totalement abstraites ; pour finir, la matière a même disparu et nous avons ces fameux champs fantomatiques que nous avons évoqués, notre pauvre matérialisme a donc bien changé. Je ne vois pas très bien quel attrait extraordinaire il peut exercer sur les philosophes, à moins qu'ils croient que ce soit quelque chose de « solide » (« tough », dirait-on en anglais).

Ce matérialisme s'appelle aujourd'hui théorie de l'identité. Je ne vois pas la moindre simplicité dans la théorie de l'identité. Je n'y vois pas de contradiction directe, mais je crois y voir la promesse creuse de solutions dont entre-temps nous n'entendons jamais parler. La théorie de l'identité nous assure qu'elle montrera que notre conscience est le cadran d'une horloge intérieure : le cadran extérieur, vous le voyez, mais mon propre cadran intérieur, je suis seul à le voir, c'est ma conscience. A mon avis ce n'est rien d'autre qu'une promesse creuse, une métaphore qui ne nous apporte rien.

L'homme sait mentir, l'animal ne le peut pas

Mon problème est avant tout celui de la différence entre le langage humain et le langage animal. Il me semble que c'est véritablement la question centrale. Les théoriciens du langage, pour la plupart en tout cas, n'ont pas lu assez sérieusement ou pas vraiment compris mon maître Karl Bühler, ils n'ont pas vu l'importance de sa pensée. Et si je dois conclure, je dirai que Bühler a énoncé des choses d'une importance capitale pour la théorie du langage, pour la musicologie, et pour la philosophie de l'art. Il a observé que tous les animaux, y compris moi, *s'exprimaient*. Un cochon qui grogne exprime par son grognement un état intérieur. Les animaux s'expriment, et leur mode d'expression peut jusqu'à un certain degré être considéré comme un langage. C'est, selon Bühler, le niveau le plus bas du langage, qui joue toujours un certain rôle dans la parole mais qui n'arrive pas au niveau humain. Il y a ensuite un second niveau qui est ce qu'il appelle la *fonction de déclenchement* du langage. Cela signifie par exemple qu'à l'instant même, en parlant, j'espère déclencher en vous, qui êtes mes auditeurs, quelque chose qui vous fera réagir à ce que je dis. Cette *fonction de déclenchement* ou *fonction de communication,* joue également un rôle important chez les animaux, où elle se ramène essentiellement aux *cris d'alarme* et aux signaux d'avertissement, avec les cris d'appel, par exemple pour attirer un partenaire sexuel. C'est le deuxième niveau. Il existe chez tous les animaux, c'est le mode de communication entre les organismes vivants. Konrad Lorenz a toutefois certainement raison de souligner que cette fonction est quand même beaucoup plus développée chez l'homme que chez les animaux.

Nous avons donc deux niveaux inférieurs, fonction d'expression et fonction de communication. Presque tous les théoriciens du langage n'ont saisi que la fonction d'expression, ou que les fonctions d'expression et de communication, et ils traitent du langage humain comme s'il était *uniquement* expression et communication. Or l'aspect spécifique, essentiel et révolutionnaire du langage humain est qu'il dépasse résolument ces fonctions d'expression et de communication pour arriver à la *fonction de représentation.* Le langage humain peut décrire des événements qui, par exemple, se sont passés il y a mille ans. Il peut parler aujourd'hui du meurtre de Jules César, et il peut aussi décrire ce qui se passera peut-être dans un an, ou dans cent ans, voire dans mille ans ; par exemple l'explosion d'une nébuleuse au sein de la Voie lactée. Il sait décrire des éléments totalement abstraits, comme il le fait en mathématiques. En un mot le langage humain ne se limite pas à des cris d'alarme ou d'appel servant dans l'instant, il n'est plus lié par sa formulation à l'instant de la parole. Il peut surtout élaborer des théories, et critiquer ces théories une fois qu'il les a élaborées.

Les théoriciens du langage ont généralement négligé l'élément décidément spécifique de la situation humaine, alors que Karl Bühler l'avait très clairement formulé en 1918 (à l'exception de la fonction critique). Or il me semble que la possibilité de formuler ces choses par le langage est le fondement de la civilisation humaine. On peut aussi exprimer la même chose brièvement en disant que l'homme a au moins une possibilité de mentir par le langage, que les animaux n'ont pas. Quant à savoir comment l'analyser dans le détail, il y aurait beaucoup à dire. Bien sûr, les animaux sont en un certain sens capables de mentir, mais l'homme a la possibilité de *dire* non seulement des choses vraies mais aussi des choses fausses. Certes ces choses fausses sont le plus souvent non pas des mensonges mais des erreurs. Mais en tout cas avec la possibilité de dire quelque chose de faux se pose tout le problème de la recherche de la vérité et de la critique. Ce dernier point me semble l'élément fondamental du monde trois, un élément justement très spécifiquement humain.

Une mauvaise philosophie porte tort à l'art

Je ne sais pas depuis combien d'années je défends la théorie de Bühler en la matière, mais jusqu'à présent je n'ai rencontré aucun écho, c'est pourquoi je tiens à le répéter ici encore une fois. Il est très significatif de la superficialité intellectuelle de notre temps que l'on parle constamment comme si le langage était communication, uniquement communication et uniquement expression. L'accent mis sur cette seule fonction d'expression du langage a d'ailleurs donné naissance à l'expressionnisme artistique. Qu'est-ce que l'art dans son acception générale ? L'art est expression de la personnalité : moi, artiste, je suis important dans le domaine de l'art ; il faut que je m'exprime, il faut éventuellement que je communique avec les autres. C'est tout ce qui semble importer dans l'art. Et c'est ce qui l'a condamné à sa perte. Les artistes ne sont jamais que des hommes, et si on leur dit que tout cela n'est qu'expression, ils expriment tout simplement leurs sentiments, ou peut-être l'esprit de leur temps. C'est toute la vérité sur le déclin de l'art ; les philosophes superficiels sont responsables de la chute de l'art.

Kreuzer : La théorie de la connaissance est donc aussi une théorie de l'art. Nous nous arrêterons là pour aujourd'hui, je vous remercie.

TROISIÈME JOURNÉE

LA SOCIÉTÉ OUVERTE

(Karl R. Popper, W. W. Bartley III, Gerard Radnitzky, Ivan Slade, Alexandre Petrovic, Peter Michael Lingens, Norbert Leser)

POPPER : Je voudrais pour commencer faire le lien avec notre sujet d'hier, les mondes un, deux et trois. Le monde un est, je le répète brièvement, notre environnement physique habituel, y compris les organismes naturels. Le monde deux est le monde de nos expériences subjectives, par exemple le monde de nos espoirs et de nos craintes, le monde de nos pensées, le monde des expériences que nous vivons lorsque nous lisons un livre, lorsque nous essayons de comprendre une théorie. Le monde trois est le monde des théories en soi, le monde des contenus des livres. La plupart des objets du monde trois font également partie, d'une façon qui n'est pas essentielle, du monde un. Un livre est un objet physique et par conséquent il fait partie du monde un. En tant qu'objet physique le livre relève du monde un, son contenu relève du monde trois. Lorsque quelqu'un nous dit : « J'ai lu la Bible », il ne veut pas dire qu'il a eu entre les mains un gros livre encombrant et qu'il en a tourné les pages, mais qu'il a d'une manière ou d'une autre saisi le *contenu*, ce contenu de monde trois du livre.

Cette distinction que je tiens pour nécessaire

sans lui accorder toutefois plus d'importance qu'à une quelconque classification, s'est heurtée chez les philosophes à une violente hostilité, bien que je l'aie empruntée à la philosophie ancienne. Comme nous l'a montré hier madame Papadaki, presque tout cela se trouve déjà chez les stoïciens à l'époque hellénistique. Pour ma part j'ai surtout puisé cette idée chez le philosophe autrichien Bolzano. Une pensée analogue se retrouve chez Frege, grand philosophe et logicien allemand de la fin du siècle dernier. Il appelait ce que j'appelle le monde trois « das Dritte Reich ». Vous comprendrez aisément pourquoi j'ai changé de dénomination. *(Hilarité dans l'auditoire.)* La différence entre le « Dritte Reich » de Frege et mon monde trois, qui est aussi la seule différence importante par rapport au « monde des propositions en soi » de Bolzano, ou par rapport aux stoïciens avec leur « lekton » est que j'ai une conception *darwinienne* de mon monde trois. Autrement dit, j'ai vu, en tant que darwiniste, que nous ne produisions pas uniquement, comme les autres organismes, des doigts, des yeux et des oreilles, mais que nous produisions aussi des lunettes, des appareils acoustiques, tous les *outils* possibles et imaginables. Parmi ces outils qui existent en un certain sens à l'extérieur de nous, et en tant qu'objets physiques présents à l'extérieur de nous d'une façon tout à fait banale, le principal est le langage humain avec ses particularités extraordinairement importantes qui le distinguent très nettement du langage animal. J'ai donc considéré le langage humain comme un produit de l'évolution darwiniste et j'ai constaté alors que dans ce cadre, on pouvait comprendre le « Dritte Reich » de Frege et le « monde des propositions en soi » de Bolzano, comme eux-mêmes n'avaient pas réussi à le faire. Aussi bien Frege que Bolzano étaient stupéfaits de ce « monde trois » qu'ils venaient de découvrir. Ils ne savaient plus comment se comporter à l'égard des autres mondes. Ils y ont fait allusion à plusieurs reprises, mais ils en ont très peu parlé parce qu'ils savaient qu'il y avait là quelque chose qu'ils ne comprenaient pas tout à fait. En revanche, si l'on considère le « monde trois » dans une optique darwiniste, le langage comme un outil et les théories énoncées ou écrites comme des outils, tout devient différent. Les théories sont des outils analogues à nos yeux ou à nos oreilles ; des outils que nous utilisons pour nous y retrouver et nous affirmer dans le monde un, le monde physique. Telle est en bref ma théorie du monde trois, une classification, rien de plus. Ce que j'ai sans doute ajouté encore, c'est l'extraordinaire importance de ce monde trois pour la vie humaine. J'affirme que seule notre relation au monde trois nous permet véritablement d'*exister* en tant que personnalités.

On n'apprend pas à parler en écoutant

Nous avons dit qu'il n'y avait pas d'humanité sans ce monde trois ; notre humanité réside dans l'interaction entre nous et le monde trois. Je reviens à avant-hier ; nos activités saisissent le monde, elles aspirent en nous les informations sur le monde. Ce n'est pas l'information qui pénètre en nous. Si je ne regarde pas et si je n'y fais pas attention, tout cela n'a pas d'existence pour moi. Par l'attention et l'intérêt que nous lui portons, nous faisons pénétrer l'information en nous. Cette activité vaut également pour les enfants dans leur rapport au langage. Les enfants n'apprennent pas à parler en *entendant* parler, ils apprennent à parler en *parlant,* en faisant des essais de parole. Par ces essais actifs, chaque enfant recrée en quelque sorte le langage. Puis il apprend aussi à écouter, à prêter l'oreille.

Je voudrais faire remarquer ici que je ne crois pas aux quotients intellectuels. Je crois que c'est l'une des plus grandes absurdités de notre temps, et il ne faudra pas s'étonner si cela nous amène à ce que les Américains perdent la prochaine guerre, car les généraux auront été choisis en fonction de leur quotient intellectuel. *(Rires dans l'auditoire.)* Le quotient intellectuel est une idiotie totale. N'importe quel agriculteur sait bien que la qualité du sol ne se définit pas par *une seule* mesure numérique, et qu'il nous faut une description pluridimensionnelle d'une parcelle de terrain pour être capables de dire si quelque chose y poussera. Il y a des arguments de poids contre le « QI » ; Einstein avait par exemple un quotient intellectuel très bas. En un mot, c'est une de ces sottises scientifiques qui ne se perpétuent que parce que la science ne cesse de surenchérir sur elle-même.

Un dernier mot en ce qui concerne le monde trois ; le monde trois est le monde des contenus intellectuels, par exemple des religions, des idéologies. L'essentiel au sein du monde trois, ce qui y entre en quelque sorte à l'état pur et y est encore épuré, ce sont les théories scientifiques, non pas parce que la science est autoritaire, ni parce que les théories scientifiques sont nécessairement vraies, mais parce que nous espérons seulement qu'elles soient vraies. On a prétendu que j'aurais dit : les théories scientifiques ne sont jamais vraies. Ce serait encore une absurdité. Les théories scientifiques sont simplement les plus exposées à la critique. Elles sont ce qui nous reste au terme d'un processus de filtrage, de nettoyage, de réfutation. Les théories sont, me semble-t-il, les meilleurs contenus de ce monde trois. Je ne suis pas en train de me prononcer contre d'autres contenus, littéraires ou éthiques, il peut y avoir toutes sortes d'éléments importants au sein du monde trois. Comme nous l'avons dit, les philosophes ont une attitude un peu moqueuse à l'égard du monde trois, ils pensent qu'en fait il relève du monde deux et que le monde trois n'existe tout simplement pas. Ils pensent que les contenus des livres n'existent pas, qu'il n'existe que notre croyance au contenu de ces livres ou à d'autres expériences du monde deux. Il me semble que ces gens n'ont pas suffisamment réfléchi. Je crois que le monde trois est *réel,* dans un sens très concret, *actif.* Il exerce sur notre vie une influence démesurée. Les idéologies ont en particulier un effet qui ne saurait se comparer par ailleurs qu'à celui des bactéries ou autres agents pathogènes. Si vous songez par exemple à l'influence des idées national-socialistes, à la façon dont elles ont rendu complètement fou tout le monde deux d'un grand pays, avec un résultat pire que si tous ces gens avaient bu des tonneaux d'alcool, vous constatez bien qu'on ne saurait surestimer l'importance du monde trois. Et cette action prouve que ce monde est réel et qu'il faut en tenir compte comme de quelque chose qui exerce une action.

Il y a d'autres effets du monde trois, par exemple en médecine. Les théories médicales ont prolongé ou sauvé la vie d'innombrables personnes. Tous les outils peuvent être utilisés pour le meilleur ou pour le pire. Que l'outil soit une pelle, un couteau ou une fourchette, peu importe, on peut s'en servir pour faire du mal. Et cela vaut aussi, encore une fois, pour les idéologies.

Plaidoyer pour la modestie

L'effet démesuré du monde trois sur la société s'exerce surtout par l'intermédiaire de ceux qu'on appelle les intellectuels. J'ai décidé de prêcher pour le restant de mes jours la modestie intellectuelle. Il y a une tradition, une tradition monstrueusement forte, d'immodestie et d'irresponsabilité intellectuelles. J'avais dit vers 1930 à titre de plaisanterie : beaucoup d'étudiants ne vont pas à l'université dans l'idée que c'est un grand empire du savoir, dont ils arriveront peut-être à saisir une petite part, ils vont à l'université pour apprendre à *parler de façon impressionnante et incompréhensible. C'est la tradition de l'intellectualisme.* A l'époque, je l'avais dit pour rire. Mais devenu par la suite moi-même professeur d'université, je me suis aperçu avec horreur que c'était la réalité. C'est comme ça, malheureusement. *(Rires.)* Il y a dans les universités une tradition qui légitime cette attitude, c'est la tradition que l'on peut résumer sous le nom d'hégélianisme. Or Hegel bénéficie surtout en Allemagne d'une extraordinaire admiration. Les gens croient sérieusement que Hegel était un grand philosophe parce qu'il a énoncé de grandes formules. Et c'est précisément cette immodestie inouïe qui fait des ravages parmi les intellectuels. C'est elle que je voudrais passer mes dernières années à combattre. Je voudrais lancer une nouvelle mode. J'ai toujours lutté contre les modes, je n'ai jamais suivi la mode, je n'ai jamais essayé d'en instaurer une. Mais je voudrais inaugurer la mode de la modestie intellectuelle, de la pensée permanente à tout ce que nous ne savons pas. Il faut que nous ayons perpétuellement conscience de la masse extraordinaire de choses que nous ne savons pas. Et c'est surtout la science qui nous apprend ce que nous ne savons pas. Nous devrions avant tout considérer la science comme ce qui nous conduit partout aux frontières sur lesquelles nous sommes contraints de nous dire qu'en fait nous ne savons encore rien. Je voudrais que ce soit la nouvelle mode parmi les intellectuels. Certes ce ne serait jamais qu'une mode, mais au moins une meilleure que les autres.

La défiguration d'Emmanuel Kant

Je voudrais encore ajouter un mot à propos de Hegel parce que cela nous amènera au thème de la « société ouverte ». J'étais à Tübingen il y a deux ans. Et j'y ai dirigé deux séminaires du soir, l'un avec les étudiants en théologie, l'autre avec les étudiants en philosophie. Et j'ai adressé aux philosophes une sorte de reproche en leur disant que c'était la faute des intellectuels allemands, dont l'attitude était soutenue par la philosophie allemande, si l'hitlérisme avait été possible. L'idéologie du nazisme aurait été impossible si les philosophes allemands avaient su ce que c'était que la responsabilité intellectuelle. Mais la responsabilité intellectuelle était pour eux totalement inconnue. Leur tâche était de parler de façon impressionnante et incompréhensible. On le leur avait enseigné, et ils l'ont fait, ils se sont acquittés de cette tâche. Je le leur ai reproché autour d'une table ronde. Ils étaient ulcérés, et il est ressorti du débat qu'ils ne comprenaient pas véritablement ce que j'avais à leur reprocher. Mais ils ont fini par le comprendre.

Quelques remarques seulement sur les origines de cette attitude en Allemagne, elles sont liées à Kant. Kant est l'un des êtres les plus admirables dont l'histoire puisse nous parler, totalement honnête, totalement préoccupé de savoir. Il a écrit une œuvre qui contient des idées prodigieuses, mais s'attaque à un problème insoluble qui repose sur un malentendu. Il voulait montrer pourquoi la théorie de Newton était *vraie*. Comme nous le savons aujourd'hui, la théorie de Newton est une hypothèse grandiose. Peut-être est-elle vraie, mais on ne peut pas le montrer à partir de principes fondamentaux. Toutefois Kant avait des raisons de penser que c'était la mission de la théorie de la connaissance. Tout cela faisait une situation malheureuse dont est sorti un livre en partie incompréhensible ou tout au moins très difficilement compréhensible : la *Critique de la raison pure*. Totalement honnête, un livre merveilleux, mais très difficile à comprendre. Il n'a pas résolu son problème, et il ne pouvait pas le résoudre. Et c'est de là qu'est née en Allemagne la confusion entre incompréhensibilité et profondeur. Lorsque quelque chose est compréhensible, on pense que c'est sans profondeur, c'est la conséquence directe et abusive de ce malheur historique.

Les successeurs de Kant, Fichte et Hegel surtout, ont exploité la situation. J'ai expliqué dans mon livre *La Société ouverte,* dans une des nombreuses notes, la manière dont cela s'était passé, en particulier pour Fichte. Fichte a écrit dans le style kantien un livre sur la philosophie des religions, il l'a publié anonymement, en faisant courir le bruit que l'ouvrage était de Kant. Kant s'est donc vu contraint de déclarer publiquement que ce livre était du « très habile monsieur Fichte », ainsi que le nomme Kant dans cette brillante formule. Et puis Fichte a tiré profit de cette imposture de la plus incroyable façon, et c'est ainsi qu'il est devenu célèbre. Il y a une deuxième déclaration publique de Kant sur Fichte (août 1799). On n'en parle pas aux étudiants. Elle dit en résumé que Kant considère l'œuvre de Fichte comme un pitoyable baratin, le terme baratin ne figure pas dans la déclaration de Kant, qui écrit : « Dieu nous préserve de nos amis, nos ennemis nous saurons nous en garder nous-mêmes... Il y a il faut le dire... quelquefois de prétendus amis... trompeurs, sournois qui ne veulent que notre perte et emploient pourtant le langage de la bienveillance... dont on ne saurait trop se méfier, sans parler des pièges qu'ils nous tendent. » C'était une déclaration très sévère, et Kant n'était pas homme à prendre à la légère une position de cet ordre.

Ainsi est né l'idéalisme allemand. Ensuite est venu Hegel, un homme bien plus doué que Fichte. Il y a bien longtemps que je ne lis plus Hegel, tout simplement parce que je ne le pense pas honnête. Il ne cherche pas la vérité : il veut impressionner son monde. La philosophie de Hegel a véritablement été en Allemagne la première philosophie traitant de problèmes de pouvoir. La philosophie de Hegel était la déification de l'État, et en particulier de l'État prussien. Hegel a défini l'État prussien de façon grandiose comme « la marche de Dieu à travers le monde ». Marx a repris cette philosophie hégélienne. Il a dit : « elle est à l'envers, il faut la remettre sur ses pieds ». J'estime que ce qu'a fait Marx était intéressant, important. Mais comme tant d'autres choses, cela a eu des conséquences déplorables. J'en traite dans mon livre *La Société ouverte et ses ennemis*. J'ai essayé de rendre justice à Marx. Je crois encore aujourd'hui (bien que j'aie appris depuis une foule de choses sur Marx qui me déplaisent tout à fait) que Marx était sincèrement ému de la misère des prolétaires, qu'il était véritablement désireux de les aider. Malheureusement, je crois aussi maintenant qu'il était personnellement extrêmement ambitieux, qu'il cherchait le pouvoir et qu'il était aigri parce que cette quête de pouvoir n'aboutissait nulle part. Marx a montré, et c'était essentiel à l'époque, qu'il vivait dans un monde social mauvais, dans un monde où il y avait d'un côté l'oppression et l'exploitation, la faim et la misère, de l'autre le luxe. De ce point de vue, il a fait une œuvre importante et il a contribué à la réforme de ce monde.

Le meilleur des mondes jusqu'à ce jour

Toutefois, ma thèse sur le présent est la suivante : nous vivons ici, en Occident, je sais bien qu'il existe un tiers monde où il en va différemment, dans le monde relativement le meilleur, le plus juste et le plus protecteur que nous ayons jamais connu dans l'histoire ; nous vivons dans un monde libre, un monde où les plus grandes possibilités nous sont offertes, un monde où nous pouvons nous exprimer librement. C'est un monde comme il n'en a jamais existé jusqu'à présent. Je tiendrais même à ajouter que ce qu'il y a de bon dans ce monde nous a été apporté en partie par des marxistes. Je veux dire des hommes comme le maire de Vienne Seitz, ou le conseiller municipal Breitner, qui vivaient dans ma jeunesse et qui ont vraiment fait beaucoup pour les habitants de Vienne. Tout cela je veux bien en convenir. Mais nombre d'intellectuels croient aujourd'hui que nous vivons dans un monde misérable. Non seulement on le dit sans arrêt aux jeunes, mais on le leur rabâche, on le leur inculque. Certes il va de soi qu'il y a de bonnes et de mauvaises choses dans notre monde. Il serait absurde de prétendre qu'on ne peut plus l'améliorer. C'est notre devoir et le devoir des jeunes de poursuivre l'amélioration de notre monde, mais vraiment son amélioration, et non pas le contraire. Si les jeunes considèrent notre monde comme un monde horrible et misérable, on les rend malheureux eux-mêmes ; ils vivent malheureux dans un monde merveilleux, je pense en particulier à l'Autriche. Mais ils vivent aussi avec ingratitude dans ce monde où ils auraient de grandes choses à accomplir, de grandes améliorations à apporter, dans ce monde où il y a des êtres qui souffrent et qu'il faudrait aider.

C'est ma thèse principale : l'idée que nous vivons dans un monde qui est bien et que les médias, les journalistes, les intellectuels croient tous autant qu'ils sont que nous vivons dans un monde misérable, et que l'on transmet cette conviction aux jeunes. Nous assistons alors, par exemple en Allemagne ou en Italie, à des actes terroristes horribles dans lesquels des innocents sont tués, par des jeunes gens qui ont une haute idée d'un monde meilleur et croient trouver ce monde meilleur, par exemple en Russie ou dans un autre pays communiste, où les hommes sont asservis et n'ont pas le droit de parler ouvertement.

Marx reste marx

Bartley : Je voudrais ajouter quelques mots à la critique de Marx par Karl Popper *. Les deux ouvrages de Karl Popper *La Société ouverte et ses ennemis* et *Misère de l'historicisme* contiennent une réfutation sans appel des théories du marxisme. Bryan Magee, socialiste et membre du Parlement britannique a écrit : « Je ne vois pas comment qui que ce soit de censé, après avoir lu la critique de Marx par Popper peut encore être marxiste. » Ce n'est qu'un commentaire parmi tant d'autres du même type, mais il faut aussi reconnaître que beaucoup d'auteurs marxistes s'élèvent le plus violemment là contre. Il faut citer parmi ces auteurs Ernst Bloch, Georg Lukács et Herbert Marcuse. Ces auteurs affirment que Marx n'est pas un historiciste, comme le prétend Popper s'appuyant sur des citations du *Capital,* mais un humaniste et un existentialiste. Ils affirment que le prétendu marxisme contre lequel s'élève Popper

* Cf. à ce propos dans la liste des participants les références indiquées sous W. W. Bartley III.

est une construction de Engels. Du reste, ils ne contestent pas l'extraordinaire influence politique de Engels. Ils ne contestent pas non plus que Popper a réfuté ce marxisme qui a été le seul reconnu par les pays communistes, par la Deuxième et la Troisième Internationale, et par Lénine.

Leur principal argument contre la critique de Marx par Popper repose sur quelques manuscrits du jeune Marx, qu'il n'a jamais publiés et qui étaient inconnus à l'époque où Popper élabora à Vienne sa critique de Marx. Ce sont les « Manuscrits parisiens » ou « Manuscrits de 1844 ». Les adversaires de la critique poppérienne ont prétendu que la découverte des « Manuscrits parisiens » rendait cette critique nulle et non avenue. En décembre 1982 s'est déroulée ici, en Autriche, à Linz, une conférence internationale sur l'histoire du mouvement des travailleurs. Un chercheur hollandais y a exposé les résultats de ses longues années d'étude extrêmement méticuleuse des « Manuscrits parisiens ». La conclusion était pratiquement que ces manuscrits sont une légende. Les manuscrits existent matériellement au sens du monde un de Popper, mais leur contenu, leur signification de l'ordre du monde trois est inexistante. Ce ne sont pas des manuscrits que Marx aurait éventuellement publiés un jour, ce ne sont que des notes désordonnées, que Marx avait prises en lisant divers auteurs. Ce que l'on a considéré comme le contenu principal de ces « Manuscrits », la théorie de l'aliénation, Marx n'y avait pas seulement renoncé dès 1846, il la tournait en dérision, comme le fait du reste Popper. Dans son œuvre publiée, et même avant, Marx n'est pas partisan de la théorie de l'aliénation. On pourrait certes dire que Popper a eu de la chance que les écrits du jeune Marx, encore inconnus à l'époque de sa critique, ne changent véritablement rien, mais on ne peut pas prétendre que les adversaires de la critique de Popper n'aient seulement pas eu de chance. Au contraire, tout le bruit que l'on a fait autour de ces écrits de jeunesse de Marx était du point de vue de la recherche premièrement un peu léger, le manuscrit n'avait été ni étudié à fond, ni critiqué, deuxièmement, la démarche de ces critiques reposait sur la foi dans l'autorité ; l'auteur étant le grand Marx, on surestimait un manuscrit de jeunesse insignifiant, et on lui accordait même la prépondérance sur des écrits qu'il avait lui-même publiés.

La pire forme de gouvernement — à l'exception de toutes les autres

Popper : Notre société est en partie le résultat de réformes délibérées, c'est un fait qu'il ne faut pas oublier. Il peut nous aider à poursuivre les réformes mais, et c'est à un point capital aujourd'hui, tout individu qui se mêle d'une manière ou d'une autre de politique, en formulant des théories, ou par l'intermédiaire d'une idéologie nouvelle devrait être conscient de deux choses : il doit être conscient d'endosser une énorme responsabilité intellectuelle, et il doit être conscient qu'il peut aussi causer des dommages. Il doit penser qu'il ne sait rien, et il doit apprendre qu'il doit garder l'esprit ouvert et qu'il n'a pas le droit de se donner l'air de savoir lorsqu'il ne sait rien. Il doit pratiquer son autocritique et se tenir toujours prêt à améliorer ses théories sur l'État et sur la société. La détention du pouvoir politique est une absurdité. Comme l'a dit un jour très bien et très simplement l'Anglais H. G. Wells : « Grown men do not need leaders », « des êtres adultes n'ont pas besoin de dirigeants. » Et il ne faut pas non plus qu'ils veuillent se présenter comme des dirigeants.

Tant que j'en suis aux citations anglaises particulièrement brillantes, j'ajouterai deux remarques de Churchill : le danger du socialisme est que « our civil servants will become our uncivil masters ». Un « civil servant » est littéralement un « serviteur civil », « fonctionnaire civil » ; fonctionnaire du service civil par opposition au service militaire. Mais le mot est ambigu car « civil » signifie aussi « courtois », donc nos « civil servants » risquent de devenir nos maîtres discourtois, nos gardiens indélicats. Churchill voyait en cela le péril du socialisme et ce péril m'est bien connu.

L'autre formule de Churchill qui me paraît extrêmement importante et rejoint d'une certaine façon notre sujet d'aujourd'hui est : « La démocratie est la pire de toutes les formes de gouvernements, à la seule exception de toutes les autres. » Il voulait dire par là qu'*il n'y avait pas de bonne forme de gouvernement.* Il n'y a que les régimes irrémédiablement mauvais, qui ne peuvent donc être remplacés que par la violence, et les régimes où l'on destitue le gouvernement par un vote. L'essentiel de la démocratie est la possibilité de changer de gouvernement sans se battre. Tout le reste dépend des citoyens, des démocrates. La démocratie ne peut être meilleure que les démocrates. C'est aux démocrates de travailler à son amélioration, et c'est déterminant. Il est absurde de se plaindre de la démocratie. La réponse à ce type de grief est simple : qu'as-tu fait pour améliorer la démocratie ?

DES INSTINCTS QUI ONT LA NOSTALGIE DE L'ÂGE DE PIERRE

RADNITZKI : Je voudrais formuler quelques hypothèses sur le rapport entre théorie de la connaissance et philosophie politique. Première proposition : les positions en philosophie politique découlent de positions en matière de théorie de la connaissance. La philosophie de la connaissance connaît un dilemme que l'on pourrait appeler le dilemme de la justification. Lorsqu'on veut justifier une proposition par d'autres propositions, on peut soit poursuivre le processus de justification, soit l'interrompre. La régression à l'infini et le cercle logique de justifications logiques n'offrant pas de possibilités praticables, les possibilités se réduisent au dilemme du choix entre interruption dogmatique du processus de justification ou scepticisme.

Deuxième proposition : ce dilemme de la théorie de la connaissance, qui se présente sous l'aspect du style de raisonnement de la philosophie de la justification, trouve son pendant en philosophie politique dans le choix entre deux autres solutions, le dogmatisme sous la forme de l'inféodation de l'individu à la collectivité ou l'anarchie. La question se pose alors de savoir si entre ces deux solutions, il y a véritablement un dilemme.

Troisième proposition : pour la vie des petits groupes tribaux, le choix entre les deux solutions que nous venons d'énoncer représente véritablement un dilemme. Or l'humanité a vécu pendant trois à quatre millions d'années en petites hordes pratiquant la chasse ou la cueillette. Au sein de ces petits groupes, groupes du face à face, tous les membres se connaissent personnellement, ils peuvent se toucher et par conséquent s'émouvoir mutuellement. Étant donné qu'un tel petit groupe disparaîtrait immédiatement s'il voulait se livrer à l'anarchisme, il ne lui reste que la solution de l'inféodation de l'individu à la collectivité. Le sauvage est donc nécessairement collectiviste. Nos institutions morales sont adaptées à la vie en petit groupe, elles sont assimilées dans le processus de socialisation de l'enfant et dominent donc encore aujourd'hui notre affectivité. Si toutefois à l'époque moderne on conserve le principe de l'inféodation de l'individu à la collectivité comme seule possibilité de maintien d'un ordre social, cela nous conduit nécessairement au totalitarisme. Le collectivisme moderne est donc une tentative de retour à l'état sauvage.

Quatrième proposition : la philosophie de la justification présente le fondement de la théorie de la connaissance comme la position de philosophie politique plaidant pour la poursuite d'une planification. C'est la position que Friedrich von Hayek a qualifiée de « rationalisme constructiviste ». Le centre de cette position est la croyance qu'il serait toujours possible d'obtenir de meilleurs résultats par une construction planificatrice que par le processus d'organisation autonome, intervenant comme une « main invisible » pour créer un ordre spontané. L'idéologie de la planification centrale comporte une part d'holisme : l'idée que la collectivité et non pas l'individu doit être l'essentiel, que l'État sert la collectivité et non pas l'individu. Comment se fait-il que l'idéologie de la planification centrale s'appuie sur la philosophie de la justification ? Une politique de poursuite de la planification ne paraît rationnelle que si l'on admet que le planificateur détient un savoir sur le fonctionnement de la société, un savoir assez étendu et sûr. Plus la restructuration sociale que l'on vise est importante, plus il faudrait que le savoir des instances centrales de la planification soit étendu et sûr.

Cinquième proposition : le dilemme « dogmatisme ou anarchie », qui constitue un véritable dilemme pour la vie en petit groupe, n'est plus un véritable dilemme pour la vie d'une grande société qui devient une entité abstraite. Dans ce contexte, le dilemme disparaît dès que se dessine une troisième possibilité. Or la critique de Karl Popper offre cette troisième possibilité. Dès lors que l'on s'aperçoit que dans le domaine politique on a aussi la possibilité de résoudre les problèmes rationnellement, le dilemme disparaît. Et le schéma de la solution rationnelle des problèmes est le même dans tous les domaines : c'est une combinaison de créativité et de critique. C'est essentiellement un schéma évolutionniste qui trouve aussi son pendant en biologie avec la combinaison de la mutation et de la sélection.

Au cours de l'évolution culturelle les conditions d'existence d'une société d'hommes libres se sont progressivement réunies. Autrement dit, il est devenu possible que soit créée une telle forme d'organisation sociale quand les hommes le voulaient. Parmi ces conditions il faut compter la formation d'une tradition critique avec la vérité comme principe régulateur, l'affirmation fondamentale de la faillibilité de la capacité de connaissance humaine et l'idée que la discussion rationnelle constitue dans tous les domaines une aide à la solution des problèmes.

L'une des conditions d'existence de la société ouverte est donc l'institutionnalisation de la critique. Dans le régime démocratique, une forme de critique des dirigeants a été institutionnalisée avec la possibilité de voter une motion de censure. Un régime n'est démocratiquement légitimé que lorsqu'il offre à ces citoyens cette possibilité. Dans les prétendues démocraties populaires, les citoyens n'ont même pas le droit d'exprimer leur opinion avec leurs pieds ! C'est tout à fait rationnel du point de vue des détenteurs du pouvoir, puisque sinon un capital humain précieux quitterait le pays. La situation idéale serait la concurrence entre les États pour recruter leurs citoyens. Cela aurait aussi son utilité en Occident, car les différents États se donneraient un peu plus de mal pour augmenter leur attrait en tant que patrie d'élection. En effet, de même qu'en science la compétition entre les théories est indispensable au progrès de la connaissance, la concurrence entre les principes politiques est indispensable à l'amélioration des institutions.

Mais qu'entend-on en l'occurrence par amélioration ? Le système démocratique est purement théorique. Il ne peut pas à lui seul créer une société d'hommes libres.

Et comme tout système théorique exploité abusivement il dégénère en dictature du plus grand nombre.

La définition de la société ouverte met l'accent sur le rôle de la discussion rationnelle et de la critique. Mais, de même que la notion de discussion rationnelle, celle de société ouverte reste théorique.

Sixième proposition : le jugement de valeur doit être précédé d'une prise de position. C'est seulement alors, une fois qu'il est explicite, que la critique rationnelle d'un jugement de valeur ou d'un système moral devient possible.

Septième proposition : tout système moral repose sur une image de l'homme, un certain idéal humain.

Huitième proposition : la méthode a permis d'améliorer l'image de l'homme. A la grande tradition dominant jusqu'à présent la philosophie de l'histoire, tradition de la philosophie de la justification au sens du rationalisme classique, s'oppose désormais le rationalime critique qui affirme que nous ne sommes forcés de dogmatiser aucune position. Le jugement de valeur qui s'inscrit à la base de la société ouverte au sens de Popper repose sur une vision de l'homme reconnaissant, outre la faillibilité, l'unicité de la personne humaine, et sur un idéal humain qui pose la liberté personnelle comme valeur fondamentale. Si, partant de ce jugement de valeur, on essaie d'apprécier différents systèmes, la question décisive est la suivante : combien de marge de liberté accordent-ils à l'individu ? Autrement dit, dans combien de domaines de l'existence s'immisce l'État ? La distinction principale s'établit donc entre les États de droit, libéraux, avec séparation des pouvoirs d'un côté, et les dictatures monocrates de l'autre. La philosophie du rationalisme critique est l'un des fondements de la philosophie de la société ouverte, de l'État de droit libéral. Cette forme de régime politique est exposée à bien des dangers, et elle est menacée en particulier aujourd'hui par un certain nombre de ses propres courants résultant d'une conception totalitaire des idées libérales.

RENDRE ÉGAUX, PRIVER DE LIBERTÉ

Une forteresse ne vaut que ce que valent les forces qui la défendent. Les exemples ne manqueraient pas pour montrer avec quelle facilité on peut en abuser. L'État peut tomber entre les mains des groupes d'intérêts, de la cartellisation, des syndicats, et ainsi de suite. L'un des exemples les plus frappants est celui de l'État social suédois. Il est intéressant parce que nous avons là un État doté d'un régime politique démocratique qui a rongé intérieurement son économie par une idéologie fortement égalitaire et s'est engagé ensuite, par sa politique fiscale, sur une voie qui finit même par miner l'État de droit. La conception totalitaire de l'idée d'égalité, idée libérale, est la cause de cette évolution. Du principe libéral de l'égalité devant le droit, un des piliers de l'État de droit, et de la règle qui en découle sur la concurrence honnête, autrement dit l'égalité des conditions de la concurrence, on aboutit, à l'extrême, au principe de l'égalité des résultats de la concurrence, puis à l'égalité des conditions de vie et pour finir, je dirais presque, à l'utopie des destins égaux. A l'arrière-plan, il y a une conception très marquée de l'homme comme n'étant que le représentant de son espèce. Cette idéologie repose de toute évidence sur une vision de l'homme toute différente de celle du libéralisme classique. Et à cela correspondent deux différents idéaux de l'État, État minimal d'un côté, État maximal de l'autre.

Je voudrais terminer sur deux propositions, l'une provocatrice, l'autre triviale. La première : le meilleur moyen de détruire l'économie de marché et par conséquent l'une des conditions préalables de la société ouverte est le principe de la justice sociale au sens de l'égalitarisme. La seconde : la sauvegarde de la société ouverte est une tâche permanente. Que cette forme de vie qui constitue une exception unique dans l'histoire de l'humanité et que seule une petite partie de l'humanité a la chance de connaître puisse être sauvée, cela dépendra de la nouvelle génération, de savoir si cette génération voudra bien défendre cette forme de vie, à l'extérieur comme à l'intérieur.

MAUVAISE ÉDUCATION À L'INFAILLIBILITÉ

SLADE : Le thème de cette journée, « la société ouverte », porte avant tout sur l'homme. Bien sûr, ce sujet est très lié à la politique, mais pas exclusivement, c'est pourquoi je tenterai de critiquer une institution prétendument apolitique, l'éducation. Ma thèse est simple, mais je ne crois pas qu'elle soit insignifiante : l'école nous enseigne pratiquement à tous le respect des autorités établies. Je prétends que la faculté critique de la pensée humaine n'est pas développée à l'école, pas toujours dans les universités, et qu'elle est même peut-être réprimée. Or je crois que les maîtres auraient le devoir d'éduquer les jeunes gens à la pensée critique de telle sorte qu'ils puissent à l'avenir apporter leur contribution à la société ouverte.

A l'âge de douze ans, j'ai demandé à mon professeur de physique ce qu'était l'énergie. Entre-temps j'ai appris que c'était une question à laquelle il était difficile de répondre. Mais il n'a même pas essayé de répondre à ma question. C'est un tout petit exemple de l'époque de ma scolarité. Chaque fois qu'à cette époque j'ai tenté de poser une question critique, elle est restée sans réponse.

Tout le monde sait que nous sommes faillibles, que nous le sommes même très profondément. Néanmoins dans les conditions normales nous ne reconnaissons jamais cette faillibilité aux yeux des autres, ou nous ne la reconnaissons que très rarement. Il y a des exceptions intéressantes. Lorsque l'on essaie par exemple de parler une langue étrangère. Combien de fois n'entend-on pas répondre à la question : « Est-ce que vous parlez allemand ? » « Oui, un peu ». En l'occurrence l'individu accepte d'avouer que ses connaissances sont insuffisantes, mais dans d'autres domaines, il hésite à le faire. En règle générale, l'homme s'efforce de cacher, de dissimuler qu'il peut se tromper. On pourrait y voir une sorte d'entente secrète : nous savons tous à quel point nous pouvons nous tromper, à quel point nous savons peu de choses, mais personne n'aime le reconnaître. A l'école, on nous éduque comme si notre tête était un seau, comme l'a décrit Popper, et si le travail des maîtres consistait seulement à y verser l'information avec le bon entonnoir. Mais si nous voyons aussi clairement ce qui ne va pas dans notre système d'éducation, pourquoi est-il si difficile de le changer ?

AMÉLIORER L'ÉCOLE : SE DÉBARRASSER DES ENSEIGNANTS MALHEUREUX

POPPER : J'ai été parmi les premiers étudiants de l'institut pédagogique de Vienne. C'était la première promotion, 1925-1927. Un de mes chers camarades de cette époque, Robert Lammer, est assis dans l'assistance, et je tiens à le saluer. J'étais, comme Robert Lammer, chaleureusement partisan de la réforme scolaire. En revanche, je me suis toujours méfié des théories sur la réforme de l'enseignement, et j'ai toujours adopté une attitude critique à leur égard. Je me suis demandé à cette époque ce qui serait le plus important dans la réforme de l'éducation. Comment peut-on vraiment réformer l'école ? En réfléchissant à ma propre expérience d'alors, en tant que jeune professeur dans de mauvais établissements, je suis parvenu à la conclusion que l'essentiel serait de donner aux mauvais enseignants la possibilité de quitter l'enseignement. *(Approbation de l'auditoire.)* J'ai constaté que seuls les êtres qui avaient un certain don, ce n'est pas à proprement parler un don intellectuel, mais un rapport intérieur avec les enfants, pouvaient être de bons maîtres. Et beaucoup d'enseignants sont en quelque sorte prisonniers de l'école, ils s'y trouvent malheureux, mais ne peuvent plus en sortir. J'ai émis une proposition toute simple : il faut faire à ces gens, qui ne sont pas plus mauvais que d'autres, des ponts d'or pour qu'ils puissent s'en aller ; et alors viendront à leur place des jeunes gens dont certains seront des pédagogues nés. Tant qu'un grand nombre de maîtres resteront des enseignants aigris, ils rendront les enfants amers et malheureux. Ils restent dans l'enseignement jusqu'à l'âge de la retraite et respirent enfin lorsqu'ils ont cette retraite. Tant qu'il y aura à l'école des maîtres aigris, et qu'ils y seront en grand nombre, terrorisant les enfants pour des raisons bien compréhensibles, et en partie aussi parce qu'ils sont eux-mêmes intimidés par leurs supérieurs, en particulier les inspecteurs, le système scolaire ne pourra pas s'améliorer.

MÊME LES MÉDECINS ONT LE DROIT DE SE TROMPER

PETROVIC : Je suis invité ici ce matin, non pas en tant que chercheur mais en tant que directeur de recherche, membre responsable d'une association professionnelle qui se préoccupe des aspects sociaux de la médecine. Karl Popper m'a prié d'exposer surtout mes expériences professionnelles dans le cadre de l'organisation et de la recherche médicale.

Je commencerai par le problème le plus grave à mes yeux : comment aider le malade à mourir au terme de sa vie ? C'est une tâche difficile pour le médecin. Elle a été d'autant plus difficile pour moi que mes patients étaient souvent des personnes jeunes atteintes d'un cancer des os ou de leucémies aiguës. D'après mon expérience, lorsque le patient comprend qu'il est atteint d'une maladie mortelle, il traverse en gros les quatre phases suivantes : tout au début, il ne peut pas croire qu'il va vraiment mourir bientôt ; il s'interroge sur la teneur du diagnostic. Au cours de cette phase, j'ai laissé les malades dans le doute, d'autant plus que l'erreur de diagnostic est véritablement possible, au moins dans 15 % des cas. Un peu plus tard, le malade est sûr d'être condamné. Il se dit alors : pourquoi MOI ? Non seulement le croyant mais même l'agnostique voit souvent dans sa maladie une sorte d'injustice. A ce moment-là, j'ai essayé le plus souvent une argumentation rationnelle ; c'était peut-être une erreur, mais je suis moi-même agnostique et je ne sais pas penser ni expliquer autrement que sur un mode rationnel. Lorsque le malade est sûr qu'il va mourir bientôt, il entre dans une phase de dépression et d'espoir. L'état dépressif est compréhensible, l'espoir est irrationnel, c'est par exemple l'idée que la médecine puisse découvrir, juste à ce moment-là, un nouveau traitement. Je n'ai entretenu ce genre d'espoir que modérément, avec réserve. Il ne faut pas que tout cela manque de dignité, il ne faut pas prendre le patient pour naïf. Enfin, le malade s'abandonne à son sort. Pour quelle part c'est psychologique, pour quelle part physiologique ? Nous l'ignorons.

J'ai seulement remarqué que lorsque le malade pense que sa vie a été un échec (ce que pense la majorité des gens), il se résigne plus facilement et accepte sa fin presque sans difficulté, même lorsqu'elle est prématurée. En général, le malade qui a atteint cette phase meurt dans les quelques jours ou les quelques heures qui suivent ; mais lorsque le malade a eu une vie réussie, il continue de lutter contre la mort ; pour un patient de cette sorte la mort est inacceptable, au même titre que tout autre échec. Dans la dernière phase, la famille est psychologiquement presque toujours incapable de dominer la situation. Pour le médecin la difficulté n'est pas beaucoup moins grande. Chaque fois que c'était possible, je suis resté seul avec le malade, sans rien dire. Je crois que j'ai compris dans ces moments-là ce que l'on pouvait appeler la « sagesse ». Mais il est certain que j'ai regretté que, médecins et profanes, nous soyons tous si mal préparés à la mort. Pour moi, c'est un exemple type de comportement « fermé ».

Mon deuxième problème médico-social est d'ordre théorique : quand un homme est-il cliniquement mort, à partir de quel moment a-t-on le droit d'utiliser ses tissus et ses organes pour une transplantation chirurgicale ? Ce problème est aujourd'hui résolu par l'électroencéphalographie ; le patient est cliniquement mort lorsque son cerveau est mort, même si d'autres organes ou tissus sont encore viables. Ces dernières années, depuis l'autorisation de l'interruption de grossesse, un nouveau problème est apparu : a-t-on le droit de prélever sur un fœtus encore vivant, qui va nécessairement mourir très vite, des organes, des tissus et des cellules pour les utiliser dans la recherche et la thérapeutique médicales ? Ma réponse est, sans hésitation, positive (ma position personnelle sur l'interruption de grossesse est un tout autre problème !). Dans ce domaine, la société actuelle a un point de vue beaucoup plus ouvert, même si les dignes porte-parole du mouvement d'émancipation féminine ne parlent que de leurs « conquêtes historiques » en matière de contraception et d'interruption de grossesse.

Mon troisième problème déontologique est déplaisant et extrêmement douloureux ; il s'agit de l'erreur médicale. Où se situe la frontière exacte entre l'erreur résultant de notre manque de connaissances médicales et l'erreur résultant de l'ignorance individuelle du médecin ? Par exemple lorsque le chirurgien ampute un bras entier parce que tous les prélèvements ont montré que se déclarait sur un doigt une forme très grave de cancer primaire des os, j'étudie toutes les cellules cancéreuses avec tous les moyens modernes d'examen moléculaire biologique ; il faut pour cela plusieurs mois (dans certains cas le patient opéré est déjà mort lorsque mes recherches aboutissent). Et entre-temps on s'aperçoit que la tumeur n'était pas si maligne, et qu'il aurait suffi d'amputer le doigt. Bien sûr, mais comment aurait-on pu le savoir à temps ? Naturellement, il arrive aussi qu'un médecin inexpérimenté établisse un diagnostic incontestablement faux. C'est pourquoi on devrait procéder bien plus souvent à ce qu'on appelle l' « analyse de cas » pour mieux tirer la leçon des erreurs. On devrait aussi, chaque fois qu'un malade meurt en milieu hospitalier, procéder à une autopsie. D'après des estimations fiables, le diagnostic est faux dans 15 % des cas, et dans 30 à 40 % des cas, avant l'autopsie, le médecin ignore pourquoi le malade est mort à ce moment-là. Quels rapports tout cela a-t-il avec la philosophie de Popper ? Des rapports nombreux et essentiels ! Les « analyses de cas » et la pratique systématique de l'autopsie peuvent nous apprendre beaucoup sur l'erreur médicale. Karl Popper a écrit qu'il fallait pour apprendre tirer la leçon de nos erreurs. Masquer les erreurs est donc le plus grave péché intellectuel que l'on puisse imaginer. L'erreur est humaine, mais l'organisation sociale de la médecine doit être *ouverte,* elle doit être critiquable. Aucun médecin ne détient ni ne détiendra jamais la vérité ; la science médicale n'est que l'inlassable recherche de la vérité. On ne peut pas ne pas penser non plus que le chercheur en médecine ne risque pas de tomber dans l'erreur méthodologique de rechercher plutôt quelque chose qui parle en faveur de son hypothèse que quelque chose qui risque de l'invalider. C'est une tentation que j'ai moi-même éprouvée bien souvent. Fort heureusement pour moi, il y a depuis vingt ans, comme le disent toujours mes collaborateurs, « saint Popper », qui me garde de cette tentation.

POPPER : Mon Dieu...

PETROVIC : De ce point de vue, tous les médecins vous doivent beaucoup, Karl Popper. *(Rires, applaudissements.)* Pour finir, je voudrais soulever encore une question : qui doit décider en matière de problèmes médico-sociaux ? Par exemple, qui doit faire partie des commissions dites d'« éthique » ? Selon quels critères doivent êtres arrêtées les décisions ? On peut poser une question analogue en ce qui concerne la répartition des fonds destinés à la recherche médicale. Je tiens à préciser d'emblée que l'on ne peut vraiment jamais savoir d'où viendra la solution d'un problème médical. Les membres de ces commissions doivent-ils prendre leur décision par un vote secret ? Mais dans ce cas-là, aucun de ces membres n'assume une responsabilité personnelle. Et par conséquent il n'y a définitivement plus non plus la moindre possibilité de critique constructive du choix de chaque membre. On exclut ainsi la correction et la rectification de l'erreur. Autrement dit, une telle commission ne fonctionne pas comme un modèle de *société ouverte* mais au contraire comme un modèle de société fermée où les fautes ne sont pas corrigées par la méthode critique de Popper, où il n'y a pas de rectification de l'erreur.

Ma revendication serait que la médecine comme

l'université en général devienne un modèle de la nouvelle éthique déontologique poppérienne. Il faut signaler un aspect particulièrement marquant du conflit entre compétence professionnelle et pouvoir de représentation ; au sein de la commission, les représentants syndicaux sont, ou bien fortement orientés idéologiquement, ou bien commandés par certains intérêts professionnels. En tout cas, les syndicats sont le plus souvent une illustration de la société « fermée », autrement dit un exemple de communauté qui n'est guère capable de renouveau ni d'amélioration. J'irais presque jusqu'à dire que la peur du progrès scientifique, technique et social se mesure au succès électoral des syndicats ! D'après mon expérience, si la commission médicale prend ses décisions suivant un système de vote anonyme et si les représentants syndicaux y siègent en majorité, l'avenir de la recherche et de l'activité médicale est terriblement menacé. Karl Popper a écrit qu'il fallait bien se rendre compte que nous avions besoin des autres (et que les autres avaient besoin de nous) pour découvrir et corriger nos erreurs ; nous avons surtout besoin de gens qui aient d'autres idées, qui aient grandi dans une autre atmosphère. C'est pourquoi je soulignerais qu'il serait bon que dans tous les pays les commissions médicales et scientifiques comprennent quelques membres étrangers. Mon expérience personnelle en France et aux États-Unis m'a montré que l'on parvenait incontestablement ainsi à de meilleures décisions. Les objectifs de la recherche médicale, et la recherche elle-même, sont en tout cas internationaux.

KREUZER : Karl Popper s'étant lui-même élevé à l'instant contre la canonisation, je me permettrai, en profitant de cette transition, de poser une question à rebrousse-poil aux deux orateurs précédents, et par la même occasion à Karl Popper lui-même : vous paraîtrait-il souhaitable qu'un chirurgien avant d'opérer entende son patient lui demander s'il comprend quelque chose à la chirurgie et réponde : « Oui, je m'y connais un peu » ? Il y a là un réel problème. Ou un pilote qui dirait au passager montant dans l'avion qu'il a « un peu » appris la marche de ces appareils.

POPPER : Je ne me suis pas encore posé cette question, mais je pense qu'il pourrait répondre : « Malheureusement nous n'en savons pas très long, mais je ferai de mon mieux... » Les médecins commettent perpétuellement les plus graves erreurs, et les médecins ont des raisons particulières de s'en cacher. On prétend qu'ils ne doivent pas le dire, parce que le patient perdrait confiance et que la confiance du patient constitue un élément essentiel du processus de guérison. Je pense que c'est faux. Les patients savent pertinemment que les médecins commettent des erreurs, et ils auront davantage confiance si les médecins le reconnaissent ouvertement.

UN POPPÉRIEN JOURNALISTE

LINGENS : De tous les participants à ce symposium, je suis le seul profane. Je ne suis ni physicien, ni physiologiste, ni politologue ou philosophe, mais journaliste. Vous comprendrez donc que je ne tente pas d'apporter par moi-même une contribution sur l'œuvre de Karl Popper. Tout ce que je peux proposer, ce sont des réflexions associées à ce que j'ai entendu ces trois jours, et ces associations sont elles-mêmes étroitement liées à mon métier.

Ma première réflexion est la suivante : il ne peut y avoir de journalistes libres que dans la société ouverte. Au sein d'une société fermée, il peut encore exister une science relativement libre, mais il ne peut pas y avoir de journaliste libre. En soi, ce n'est pas nouveau. J'ai simplement mieux compris au cours de ce symposium pourquoi il en était ainsi. En employant la terminologie de Popper, on pourrait définir la société comme un organisme qui s'efforce de survivre. Le système social serait donc une théorie sur l'organisation de la vie collective humaine qui devrait se vérifier. Notre vie quotidienne est l'*experimentum crucis* par lequel les différents éléments qui constituent la théorie sociale peuvent être réfutés. Par exemple le principe marxiste selon lequel dans certaines conditions l'État disparaîtrait, le principe de la révolution bourgeoise selon lequel la séparation des pouvoirs contribuerait à garantir les droits civiques, ou le principe fasciste selon lequel le chef incarnerait la volonté du peuple. Et ainsi de suite. Lorsque le système social en question se compose de multiples hypothèses indépendantes les unes des autres, la réfutation de l'une d'elles ne représente pas un terrible malheur. Au contraire lorsqu'un système social repose sur une seule théorie, globale et fermée sur elle-même, sa réfutation est une véritable catastrophe. Toute société fermée doit donc à tout prix, et en tout cas, veiller à ce qu'une telle réfutation de son idéologie ne se produise pas.

Or, dans la société ouverte, c'est sans doute le journaliste libre qui contribue le plus à la réfutation des thèses sociales erronées. Il est en quelque sorte à la fois l'œil, l'oreille et la bouche de l'organisme social. Par son intermédiaire l'organisme apprend et peut dire où et comment une certaine affirmation idéologique a été réfutée. C'est pourquoi toute dictature doit crever les yeux, boucher les oreilles et fermer la bouche à la société. Il ne peut pas y avoir de journaliste libre dans la société fermée. Au contraire, la société ouverte est impensable sans journaliste libre. Car elle vit de ce que les théories fausses, les mauvaises mesures sociales soient réfutées et révoquées le plus vite possible pour qu'on les remplace par de meilleures. A cet effet, il est essentiel que le journaliste remplisse correctement sa fonction d'œil, d'oreille et de bouche de l'organisme social, qu'il écrive, du mieux qu'il le peut et en toute conscience, la vérité.

Et c'est ici qu'intervient ma deuxième réflexion dans le cadre de ce symposium. Avant de venir ici, déjà, j'avais d'une certaine façon le sentiment que *La Logique de la découverte scientifique* de Karl Popper ne résolvait pas seulement le problème du traitement des théories scientifiques, mais contribuait au moins pour une part égale à la solution d'un problème qui nous occupe constamment en tant que journalistes : le problème de notre « objectivité ». Il y a aussi en ce qui nous concerne une théorie du journalisme que j'appellerai aussi la théorie du seau : l'idée que nous enregistrons tous les faits, que nous assimilons toutes les considérations et qu'une fois qu'elles seraient passées par nous, nous en fournirions le rapport véridique et objectif. Cette thèse est absurde, même pour le journaliste. De même que le savant, le journaliste a pratiquement toujours une hypothèse quant à la façon dont peut s'être déroulé un événement et dont il doit s'expliquer. Et pour lui aussi, l'effort décisif doit être de soumettre sa propre hypothèse à un examen critique. Je tenterai de le montrer sur un exemple : dans un rapport sur le logement social, je suis parti de l'hypothèse que la construction privée revenait moins cher que la construction subventionnée par les organismes publics. Mon travail de vérification de cette hypothèse ne se différencie en rien de celui du savant. Je ne peux pas me contenter de trouver des exemples montrant que les constructions municipales sont effectivement plus chères, il faut que je tente de réfuter ma propre thèse, si je trouve ne serait-ce qu'un seul bâtiment public qui est revenu moins cher que la construction privée, ma thèse est réfutée. Du reste je suis effectivement tombé sur cette construction publique meilleur marché, et je me suis donc trouvé confronté au dilemme que nous avons également évoqué le premier jour, à savoir si je devais véritablement renoncer à ma thèse à cause de cette unique expérience contraire. Tout comme le savant, j'ai alors réexaminé mon expérience, et j'ai découvert que la commune n'avait pas inclus dans le budget certains frais de dégradation et d'architecte, et que si on les réincluait, mon hypothèse était à nouveau confirmée. Je veux dire simplement par là que tout journaliste sérieux travaille selon les principes de réfutation de Popper. L'article idéal devrait être concu de telle sorte que figure même au-dessus la thèse qu'il veut prouver et que le journaliste expose ensuite successivement toutes ses tentatives de réfuter sa propre hypothèse. Qu'il les présente de telle sorte que le lecteur puisse quasiment refaire avec lui toute sa démarche, suivre l'enchaînement des déductions, et le cas échéant détecter les points faibles ou les contradictions. Le journaliste ne dit donc pas non plus la vérité, il exprime une hypothèse sur la vérité, hypothèse qu'il a testée au mieux de ses connaissances et en toute conscience. Il est donc dans la nature même du journalisme, que le journaliste se trompe ou risque de se tromper dans tant et tant de cas. Car si ses articles doivent être écrits de telle sorte qu'il ait raison dans tous les cas, de même que les théories scientifiques de cette espèce, ils sont en réalité sans contenu. C'est pourquoi je ne tiens pas l'aveu de l'erreur journalistique pour une honte, mais en vérité pour la preuve la plus sûre d'une pratique correcte et honnête du journalisme.

Les parallèles vont encore plus loin : nous avons aussi dans le domaine journalistique des objections analogues à celle de Kuhn à l'égard de Popper, l'affirmation que l'établissement de la vérité journalistique se fait en réalité tout autrement. La présentation des faits qui s'imposerait ne serait pas celle qui se rapprocherait le plus de la vérité, mais bien plutôt celle qui aurait de son côté le plus grand nombre de journalistes, ou les journalistes les plus démagogues, le journal le plus riche ou les lobbies les plus puissants. Si cette critique se limitait à montrer tous les dangers qui menacent une présentation conforme à la vérité, elle serait précieuse et jouerait un rôle important dans la société ouverte. Mais elle s'accompagne, comme la pensée de Kuhn, d'une curieuse tendance à l'exagération. Elle tend à confondre le risque d'utilisation abusive d'une institution avec l'impossibilité de l'utiliser. Et c'est là que nous rejoignons dans mon esprit notre débat d'aujourd'hui consacré aux menaces qui pèsent sur la société ouverte : à l'origine de la destruction de la démocratie, il y a toujours l'affirmation générale et sans preuves qu'il ne serait plus possible de parvenir à de bonnes solutions avec les institutions existantes. Cette argumentation se déguise sous les formes les plus diverses : dans le domaine du journalisme, elle consiste à dire que le journal est un instrument des puissants, alors que le journal est au moins autant l'instrument des êtres dénués de pouvoir que de ceux qui le détiennent. Dans le domaine de la justice, elle affirme que les tribunaux ne seraient fondamentalement plus capables de prononcer des jugements corrects parce que les juges font partie de la classe dominante et les accusés des classes défavorisées, alors que nos tribunaux ont en réalité été créés pour mettre un terme à l'arbitraire du pouvoir en place. La médecine est qualifiée de « médecine de classe », la culture de « culture de classe », plaisir onéreux d'une minorité. La position la plus extrême en la matière est le principe de la critique marxiste du capitalisme prétendant que le système démocratique n'est rien d'autre qu'un instrument de la classe dominante pour assurer son pouvoir. Il serait absurde de croire que l'on puisse raisonnablement, dans les domaines du journalisme, de la politique ou de la science, rechercher des solutions meilleures et plus convenables et aspirer à la vérité. Je considère que c'est l'un des plus grands dangers qui pèsent sur notre société ouverte. On serait tenté de dire avec Popper que la critique est devenue non-critique. Il est vital pour la société ouverte de douter que nous détenions la vérité. Mais il est mortellement dangereux de douter qu'on puisse la trouver.

ATTENTION AUX CRITIQUES NON CRITIQUES !

L'un des plus grands problèmes de mon métier est qu'il n'y a pratiquement dans aucune autre catégorie autant de critiques non critiques. Nous vivons de l'exagération. Personne n'a diffamé plus souvent que nous les institutions sociales ; des problèmes que l'on peut tout à fait résoudre dans le cadre d'une justice active et qui fonctionne, nous les érigeons en « crise de la justice ». Des problèmes que l'on peut tout à fait résoudre dans le cadre d'une médecine dans le fond très productive, nous les transformons en « crise de la médecine ». Des problèmes que l'on peut tout à fait résoudre dans le cadre d'une démocratie pourtant étonnamment résistante, nous en faisons une « crise de la démocratie ». Et le tout réuni, nous l'appelons crise des institutions ou crise du système. C'est nous qui sommes si portés à confondre l'abus d'une institution avec son incapacité de fonctionner. Mais en dévalorisant ainsi, les unes après les autres, en partie par incompréhension, en partie par légèreté, les institutions qui constituent une société libre, nous compromettons l'existence même de cette société. En transposant à la science on pourrait dire que cela reviendrait à rejeter brusquement des théories confirmées, sans qu'elles aient été réfutées et sans disposer de théories meilleures pour les remplacer.

C'est pourquoi je tiens à me rallier de toutes mes forces à la conviction de Karl Popper que les problèmes peuvent être résolus. Les institutions de notre société libre, les théories en fonction desquelles elles ont été conçues, ne sont pas aussi mauvaises que nous voulons le dire. J'en donnerai un exemple représentatif de beaucoup d'autres : pendant un certain temps, on a pu avoir véritablement l'impression en Autriche que la justice n'était pas en mesure de venir à bout des crimes des puissants, des crimes économiques dans l'ombre de la politique. Il y avait et il y a là encore un authentique problème institutionnel ; le procureur qui doit suivre une affaire de ce genre est sous les ordres du ministre de la Justice, lequel est par définition lié à un parti au pouvoir. Or, précisément en Autriche, avec l'extraordinaire proximité de l'économie et de l'État, le parti au pouvoir est presque toujours impliqué dans le scandale qu'il s'agit de juger. La justice en a pourtant fini avec ce problème. En partie parce que les juges et les procureurs ont tout simplement eu le courage d'exploiter des possibilités tout à fait inscrites dans les institutions existantes. En partie parce que l'on a créé de nouvelles possibilités, la cour suprême a élargi les compétences du juge chargé de l'instruction, ce qui a du reste suscité de nouveaux problèmes. Néanmoins tous les problèmes peuvent par définition trouver des solutions ; on peut instaurer un droit qui ne rende pas le procureur de la République aussi dépendant du ministre de la Justice qu'il ne l'était jusqu'à présent. On peut à nouveau limiter les pouvoirs du juge chargé de l'instruction. Et l'on peut bien évidemment retirer l'économie de la zone d'influence de l'État. Il suffit de le faire.

S'il existait une théorie pour dire que cette société est devenue incapable de régler ses problèmes, cette théorie serait complètement réfutable.

Et je voudrais procéder à cette réfutation dans un domaine où même les optimistes estiment notre situation désespérée, celui du contrôle de l'armement. Il n'est pas vrai que nous ne soyons pas en mesure de limiter notre armement. L'une de mes idoles scientifiques est le physicien Victor Weisskopf. Cet homme a été pendant de longues années, il y a malheureusement longtemps de cela, parmi les conseillers de la Maison Blanche. En tant que tel, il a été appelé à se pencher sur la question de l'opportunité pour les États-Unis de construire des armes de dissuasion. Il s'est prononcé contre, en avançant pour commencer un argument financier : avec une fusée de ce type, on ne pouvait abattre à l'époque — si je me souviens bien — que trois fusées offensives. Mais il revenait moins cher de construire quatre fusées offensives qu'une fusée défensive. Les militaires objectèrent à Weisskopf que l'on arriverait un jour ou l'autre à construire des fusées défensives à cinq têtes, ou même davantage, et qu'alors le rapport s'inverserait. Alors Weisskopf a émis une proposition géniale, il suffisait de concevoir ces fusées sur le papier, et de faire connaître les plans aux Soviétiques pour les amener à céder. Le projet de Weisskopf n'a malheureusement pas pu être entièrement suivi, les techniciens ont déclaré qu'on ne pouvait pas faire ça uniquement sur le papier. Toutefois, le programme, initialement conçu comme un énorme programme d'armement a été réduit à un fragment de sa dimension de départ. Et des pourparlers entrepris par Weisskopf est né le SALT qui a établi qu'aucune superpuissance ne pouvait rendre invulnérable son potentiel offensif par la mise en place d'un système de défense complet. La thèse selon laquelle il aurait été impossible de renforcer la paix par des accords d'armement entre superpuissances s'est vu réfutée. Ce sera ma dernière réflexion en relation avec ce symposium, il me semble qu'il n'y a pas de meilleur exemple à l'appui de l'affirmation de Popper selon laquelle l'homme est le seul être vivant bénéficiant de l'extraordinaire chance de pouvoir faire mourir ses idées à sa place.

POPPER : Je dois dire que c'est la plus belle contribution que j'ai entendue jusqu'à maintenant. Je voudrais seulement ajouter deux remarques : il n'est pas tout à fait vrai, bien que cela ait été dit à titre de concession à l'adversaire, qu'il puisse y avoir une science libre sous la dictature. Il suffit de songer que du temps de Staline un savant nommé Lysenko avait une grande influence en Russie et qu'il a fait mourir ses adversaires ; ils étaient envoyés en Sibérie et ils y sont disparus. Lysenko était généticien, adversaire du mendélisme. Pour une question aussi abstraite que la génétique on pouvait tuer ses adversaires scientifiques, parce qu'ils avaient raison, sinon la violence aurait été superflue. Mais précisément parce que les adversaires avaient raison, il n'y avait qu'un moyen de s'en débarrasser, les faire disparaître. Sous une dictature, c'est possible. Et encore une remarque sur l'idée que la justice en aurait « fini » avec un problème. C'est le terme « fini » qui a éveillé en moi une association. *On n'en a jamais fini.* C'est un principe essentiel pour toutes les démocraties. Dès l'instant où l'on croit en avoir fini avec un problème, tout est perdu. Nous n'en finissons jamais et nos problèmes se poursuivent toujours.

KREUZER : Comme vous voyez avec Karl Popper même le plus grand éloge ne va pas sans un petit reproche. Norbert Leser va quand même à son tour tenter sa chance.

Pourquoi Sakharov est dangereux pour l'Union soviétique ?

Leser : Il faut partir de la possibilité d'erreur et de rectification, ce principe vaut aussi bien en science qu'en politique et c'est la raison pour laquelle il y a un lien interne indissociable entre une société libre, garantie par des institutions politiques, et la liberté de la science et de la recherche. Lorsque la liberté et la possibilité de choisir d'autres solutions ne sont pas assurées dans le domaine politique, on risque fort que ceux qui tiennent les leviers du pouvoir, emploient aussi ce pouvoir pour réduire au silence les théories qui leur déplaisent.

Et puisque sir Karl Popper a mentionné l'exemple de l'Union soviétique, je voudrais prendre à mon tour un exemple qui vous est familier à tous, mais mérite qu'on y réfléchisse encore : le problème des dissidents, qui vivent en partie en Occident et s'y font entendre. Comment se peut-il qu'une puissance telle que l'Union soviétique, reposant prétendument sur l'appui des ouvriers et des paysans, sur une dictature de la grande masse des travailleurs, redoute quelques dizaines ou centaines d'écrivains, et n'arrive pas à régler le problème autrement qu'en les envoyant en prison, en leur faisant quitter le pays ou en les bannissant, comme Sakharov ? Ce dernier étant au demeurant l'exemple type de l'intellectuel qui ne revendique rien d'autre que ce à quoi nous prétendons tous, et même les détracteurs de notre système, dire son opinion. Pourquoi la peur est-elle si grande ? Elle est irrationnelle. Sans doute ces quelques dissidents, même s'ils avaient la liberté de publier, se heurteraient-ils à la masse de millions d'hommes amorphes qui vivent sous ce régime. Mais, je crois que les responsables du pouvoir n'ont pas tort pour autant de craindre que la libre circulation de l'esprit puisse avoir des effets imprévisibles. C'est pourquoi dans la logique de leur système ils s'y opposent dès le départ et, à cela vient peut-être s'ajouter une autre raison expliquant cette attitude défensive irrationnelle et cette réaction abusive contre un petit nombre d'écrivains, le fait que les bolcheviks ont eux-mêmes été à l'origine une minorité de conspirateurs révolutionnaires au milieu d'une immense masse amorphe et qu'ils revoient en la personne des dissidents leurs propres origines, ce qui déclenche des réactions d'angoisse paranoïaque.

Mais il ne faudrait pas critiquer ni regarder avec mépris uniquement les autres systèmes. Nous pourrions aussi dire qu'en Autriche nous avons parcouru un très long chemin depuis le passé, même le passé glorieux qu'a évoqué Karl Popper jusqu'à notre présent. Car pour aussi respectables qu'aient pu être les réalisations dont il a parlé sous Seitz, et Renner, et Glöckel, il faut bien dire que ce n'étaient certes pas des systèmes politiques comme le communisme ou le fascisme, mais que c'étaient quand même des sociétés fermées, qui devaient coexister les unes à côté des autres : d'un côté, la social-démocratie, de l'autre les chrétiens-sociaux, et ces univers opposés n'ont pas seulement coexisté, ils ont aussi agi l'un contre l'autre. La guerre civile a été un aboutissement logique, et non pas un simple accident de parcours. Nous n'avons certes pas renoncé à nos convictions en Autriche, mais nous sommes une société ouverte dans la mesure où, avec le temps, il y a eu non seulement différentes coalitions gouvernementales, mais où il s'est même établi une base de dialogue entre représentants de différentes orientations. Je crois que c'est là un progrès qu'il faut saluer avec gratitude, surtout dans un pays où l'intolérance a eu dans le passé des racines si puissantes.

En ce sens je dirais qu'en dépit de toutes les critiques que l'intellectuel doit toujours formuler à l'égard de la société, il ne devrait pas non plus uniquement décrier ces conquêtes, mais aussi les accepter avec reconnaissance, et je pense qu'il ne devrait pas non plus faire ce que font nombre de critiques de notre système, à savoir rabaisser ces libertés, que nous considérons tous comme allant de soi, au rang de libertés purement théoriques et les opposer à une prétendue liberté matérielle qui n'existe nulle part.

Les libertés demandent à être exercées

On s'aperçoit en fait que les libertés, lorsqu'elles ne sont pas théoriquement garanties et assurées par des procédures de droit correspondantes ne représentent rien d'autre qu'un bout de papier. En effet, même sous Staline, la grande Constitution de 1936 accordait tous les droits dont nous parlons, seulement elle comportait aussi une clause générale qui les supprimait par-derrière : il n'y avait pas moyen d'accéder à ses droits. Les formes de la démocratie et du droit ne constituent donc pas un embarras inutile mais servent à protéger l'homme et le savant ; c'est pourquoi tous les êtres exerçant leur activité dans le domaine de la politique, de la science ou de la philosophie devraient s'unir afin que ces conquêtes ne tombent pas dans l'oubli. Nous ne devrions pas les rabaisser en essayant de les remplacer par quelque chose qui ne peut pas être mieux mais comporte un bien plus gros risque.

POPPER : Tout cela aussi me va droit au cœur. Pour finir, je dirai encore une fois : essayez de voir le monde pour ce qu'on peut réellement penser qu'il est, un endroit merveilleux que nous pouvons encore embellir et cultiver comme un jardin. Et essayez ce faisant de conserver la modestie du vieux jardinier qui sait d'expérience que nombre de ses essais échoueront. *(Applaudissements.)*

KREUZER : Nous avons connu ces trois jours un Karl Popper de trois mondes : un Karl Popper du monde un, un homme de quatre-vingt-un ans, dans une forme merveilleuse ; nous avons vu un Karl Popper du monde deux avec une extraordinaire faculté de communiquer ses pensées et de se soumettre au monde un d'un organisme qui n'est plus tout jeune. Cela me rappelle un concert de piano que Rubinstein donna dans son grand âge. Enfin nous avons rencontré le monde trois de Karl Popper, dont je n'ai pas le droit de dire qu'il est immortel sur le plan scientifique. Il est peut-être immortel sous un aspect, sa beauté qui est celle de l'art, de la symphonie inachevée de Schubert. En ce sens je crois pouvoir parler d'immortalité à propos de ce monde poppérien. Peut-être cela me vaudra-t-il encore un reproche. Mesdames et messieurs, je vous remercie, notre symposium est terminé.

POSTFACE

KARL R. POPPER

(Décembre 1984)

Je n'ai pu relire que récemment la transcription des trois jours de débats qui se sont déroulés à Vienne. Je tiens à exprimer ma reconnaissance à tous les participants pour leur collaboration.

Mais je ne suis pas du tout satisfait de ce que j'ai dit moi-même le troisième jour. Pour la bonne raison que je n'ai pratiquement rien dit sur le thème de cette journée qui était « la société ouverte ». Je voudrais tenter de réparer cela ici.

La notion de « société ouverte » par opposition à la « société fermée » est empruntée à ce grand philosophe français que fut Henri Bergson (1859-1941) et je l'ai utilisée avec une autre acception dans mon livre *La Société ouverte et ses ennemis* (publié pour la première fois en anglais en 1945). j'avais pris la décision d'écrire ce livre le jour où j'avais reçu la nouvelle de l'entrée des troupes d'Hitler en Autriche.

C'est une défense de la démocratie, à une époque où la démocratie ne comptait pas beaucoup de partisans convaincus ; presque tous ceux qui écrivaient ou avec qui je pouvais être en contact à l'époque prédisaient la fin de la démocratie et la victoire du fascisme de droite ou du fascisme de gauche, et tout le monde n'avait à la bouche que les faiblesses de la démocratie.

J'entends par « société ouverte » non pas tant une forme de régime politique ou de gouvernement qu'une forme de coexistence humaine dans laquelle la liberté des individus, la non-violence, la protection des minorités et la protection des faibles sont des valeurs essentielles. Dans nos démocraties occidentales ces valeurs semblent aller de soi pour la majorité d'entre nous.

Mais précisément, que ces valeurs nous semblent aller de soi constitue l'un des dangers qui pèsent sur la démocratie. En effet, peu d'entre nous ont assez d'imagination, pour être capables de se représenter la vie dans une société moderne non démocratique. George Orwell a eu l'imagination nécessaire. Son livre *1984* est peut-être un peu exagéré, mais pas tellement. L'État national-socialiste a été largement plus inhumain que ce que nous décrit Orwell ; mais il était technologiquement moins développé.

Parlons plutôt de l'idée de la société ouverte et de sa valeur fondamentale, la liberté. Le cheminement de ces idées est long. En Europe l'idée de liberté se trouve pour la première fois chez Homère. Hector parle à Andromaque du jour où Troie tombera et où les Troyens perdront leur liberté. Il parle du « jour de la liberté » et du « jour de la servitude ». (Il aurait pu dire « la nuit de la servitude ».) Ce ne sera qu'une survie après la perte de l'humanité. Les hommes ont plus de chance, ils mourront au combat.

Les épopées homériques furent les premiers livres en Europe. Elles furent écrites pour la première fois à Athènes et diffusées en nombreux exemplaires vers 550 av. J.-C. Elles devinrent l'alphabet et la bible des Grecs. Athènes apprit à lire, on copia et on publia des livres ; Athènes devint une démocratie. Et, immédiatement après, Athènes prit la tête des tribus grecques dans la guerre de libération contre les Perses. Telle fut en bref la naissance de l'idée de liberté en Europe et de la civilisation européenne.

La démocratie athénienne était très imparfaite. Les citoyens athéniens étaient libres. Mais ils avaient des esclaves. Et, comme vous le savez, il y eut des serfs en Europe centrale et en Russie, des esclaves en Amérique jusqu'à la deuxième moitié du siècle dernier, et l'esclavage provoqua aux États-Unis juste avant son abolition une épouvantable guerre civile.

On peut donc bien dire que l'histoire de l'Europe et des républiques américaines a été l'histoire d'une lutte pour la liberté. Elle a duré jusqu'à ce jour vingt-cinq siècles ; vingt-cinq siècles de défaites. L'enjeu était la liberté et l'égalité de droit pour tous. Pour juger de ce qui a été atteint en un siècle, il ne faut pas oublier que le servage n'a été aboli en Autriche que sous l'empereur François-Joseph.

Toutefois la lutte pour la liberté, pour le respect de l'homme, de la vie et de la liberté humaines se poursuit. *Car il n'y a pas de solutions simples.* C'est là un principe capital. Toutes nos valeurs ont des limites. Et ces limites sont difficiles à tracer.

Il en va ainsi de la liberté. Il est bien évident que ma liberté doit avoir des limites. Comme l'a dit un jour un juge américain : « La limite de ta liberté, ta liberté de bouger tes poings à ta guise, est le nez de ton voisin. » Et cela nous amène à ce que Kant a défini comme les limites inévitables imposées à la liberté par la vie en société. Il vaut mieux qu'elles soient fixées d'emblée identiques pour tous.

Nous avons besoin de l'État et de ses lois pour que les limites inévitables imposées à la liberté des citoyens soient les mêmes pour tous.

Ainsi l'idée de liberté conduit-elle inévitablement à celle d'égalité. Mais l'idée d'égalité comporte un certain nombre de menaces pour l'idée de liberté. Si le rôle de l'État est de veiller à l'égalité des droits et des devoirs des citoyens, la puissance étatique devient une menace pour la liberté. Nombre de penseurs s'en sont rendu compte. Le danger peut provenir de la buraucratie qui devient la classe dominante et menace non seulement la liberté mais pour finir aussi l'égalité qu'elle risque même d'abolir ; nous ne risquons pas d'être asservis uniquement par un dictateur, un Mussolini, un Staline ou un Hitler, mais aussi par l'État lui-même, par une bureaucratie anonyme. Ce danger a été très bien analysé par Alexis de Tocqueville dans son magnifique ouvrage *La Démocratie américaine* (publié en 1835 et 1840), et plus tard par Max Weber.

J'ai encore présent à l'esprit le souvenir de l'endroit à Vienne (c'était derrière le monument à Gutenberg, sur le Lugeck), où je compris brusquement, en janvier 1918, qu'un ordre social parfait, ou un ordre social presque parfait ne peut guère se maintenir longtemps ; lorsque tout va très bien, les gens pensent que cette atmosphère de liberté est naturelle, et ils n'ont plus la vigilance nécessaire à l'égard des menaces qui pèsent sur la liberté. Tant qu'il reste des êtres ambitieux et avides de pouvoir, ils précipitent alors sans peine une société heureuse dans le malheur. (C'est aussi l'idée qui inspira aux citoyens d'Athènes l'instauration de l'ostracisme qui leur fit envoyer en exil Aristide et Thémistocle.) *Il ne peut pas y avoir de société parfaite.*

Il y a beaucoup d'autres raisons qui feraient qu'un ordre social trop parfait sombrerait dans l'abolition de la liberté ou serait de quelque manière non viable. Bien des utopies ont été lancées en Amérique et nous devrions exiger d'une société ouverte non seulement qu'elle tolère mais même qu'elle encourage ce genre de tentatives. Toutefois les utopies qui étaient libres se perdirent ; et celles qui ne se perdirent pas n'étaient pas libres ; elles étaient commandées par un dogme religieux ou idéologique.

L'organisation d'une société ne peut pas être meilleure que ses membres. Et même si l'éducation peut faire beaucoup, cela signifie tout au plus que certains êtres peuvent en influencer d'autres (en particulier des jeunes). Or les vrais bons pédagogues ne sont pas nombreux. Et même les éducateurs et les enseignants nés peuvent se lasser de leur activité.

A l'époque, lorsque je compris qu'il ne pouvait pas y avoir de société parfaite, je faisais partie d'un mouvement de jeunesse. J'avais un peu plus de seize ans et je faisais partie d'un groupe très sympathique et inorganisé. Nous faisions des excursions, nous marchions en montagne, nous discutions et nous espérions améliorer le monde. Nous ne fumions pas, nous ne buvions pas d'alcool et, bien sûr, nous ne prenions pas de drogue.

Pourtant au sein de ce groupe, il y avait des tensions, même si elles restaient sans gravité, et des désaccords qui n'auraient pas dû survenir. Même ce groupe était une société imparfaite. Bien que je sois resté fidèle à son mode de vie et que je sois encore lié à cinq de ses membres, je l'ai quitté parce que j'ai travaillé dans des établissements pour enfants, avec des gens qui aimaient les enfants ; parce que d'autres groupes sont devenus plus importants pour moi. Mais je n'en ai pas trouvé qui fût parfait, et les imperfections s'accentuaient avec la taille du groupe.

On a toujours essayé de maintenir la cohésion par la force ou par la menace. La menace de l'enfer était une menace de ce type. Les formes de terrorisme sont plus au goût du jour.

Les tentatives de nos démocraties occidentales de fonctionner avec le droit pénal le plus doux et le plus tolérant qui ait jamais existé, ne sont certes pas des réussites absolues, mais elles valent mieux que tout ce qui s'est produit dans le passé.

Passons à la question du pouvoir politique. Platon a formulé la question comme suit : *Qui doit gouverner ?* Le plus petit ou le plus grand nombre ? Et sa réponse était : le meilleur doit gouverner ! Cela aurait été aussi la réponse de Mussolini ou d'Hitler. La question est restée en substance toujours la même. Marx demandait aussi : « Qui doit gouverner ? Les capitalistes ou les travailleurs ? »

Mais en fait la question est mal posée, et j'ai proposé de la remplacer par une autre, à savoir : comment organiser l'État et le gouvernement de telle sorte que même les pires dirigeants ne puissent pas causer trop de dommages ? La réponse à cette question est la démocratie qui nous permet de destituer un gouvernement sans effusion de sang. Que l'on songe par exemple au renvoi du président Nixon qui fut théoriquement une démission.

Bien sûr, nous essaierons d'instaurer un bon gouvernement. Mais nous n'y réussirons pas toujours. Churchill qui était un bon démocrate a dit un jour : « La démocratie est la pire forme de gouvernement, à l'exception de toutes les autres que l'on ait jamais essayées. » On pourrait interpréter cette formule de Churchill comme suit : si tu aspires à une société parfaite, tu rejetteras certainement la démocratie. Mais tu ne réussiras à instaurer rien de mieux. La politique est la politique du moindre mal.

Il faut bien nous rendre compte en tant que démocrates que nous ne sommes responsables que de nos démocraties occidentales. Les États du tiers monde ne permettraient pas que nous prenions la responsabilité de leurs problèmes. Ce serait du colonialisme. Mais en ce qui concerne nos problèmes — pauvreté, faim, injustice et cruauté des exécutions ; protection des minorités linguistiques, religieuses et ethniques, lutte contre l'esclavage et toutes les formes d'asservissement —, nous avons fait les choses mieux que jamais. Quant au grand problème du chômage, nous *essayons* de le résoudre.

Je voudrais résumer tous ces points en une proposition : nos démocraties occidentales sont la forme d'ordre social la plus juste qui ait jamais existé dans l'histoire, et elles sont aussi la forme de société la plus apte aux réformes et la mieux disposée à l'autocritique. Bien sûr, nous souhaiterions tous les améliorer encore. Mais ceux qui les jugent mauvaises ne savent pas à quoi ressemblent les autres solutions. Ils sont victimes d'une propagande qui veut nous entraîner dans un type d'organisation sociale bien moins libre et bien moins juste et qui dénigre à cet effet notre propre organisation.

En ce qui concerne la guerre et la bombe atomique, la bombe atomique a au moins eu un effet positif : pour la première fois dans l'histoire de l'humanité plus personne ne veut la guerre, ni en Occident, ni en Russie. (Les dirigeants russes espèrent que nous perdrons courage et cèderons sans guerre.) Que nous soyons enfin tous opposés à la guerre, c'est un fait capital. Mais les moyens d'éviter la guerre constituent un problème important dont on ne saurait traiter dans la postface à un débat.

Un État démocratique ne peut être meilleur que ses citoyens, il faut donc espérer que les valeurs fondamentales de la société ouverte — liberté, entraide, recherche de la vérité, responsabilité intellectuelle, tolérance — restent reconnues en tant que telles à l'avenir. Il faut que nous fassions de notre mieux dans ce sens.

LISTE DES PARTICIPANTS

W. W. BARTLEY III, professeur invité à la Hoover Institution on War, Revolution and Peace et professeur de philosophie à la California State University.
(A propos de la note de la p. 132. Pour une analyse plus détaillée de la question cf. W. W. BARTLEY III : « Knowledge is a Product Not Fully Known to its Producer », in *The Political Economy of Freedom. Essays in honor of Friedrich A. von Hayek on his eighty-fifth birthday,* ed. par Leube, Kurt R./Zlabinger, Albert H., Munich, 1984.)

Marianne FILLENZ, neurophysiologue, enseignante à l'université d'Oxford depuis 1963.

Franz KREUZER, né à Vienne en 1929. Journaliste à l'*Arbeiter Zeitung* jusqu'en 1966, puis à la Télévision autrichienne.

Norbert LESER, né en 1933 à Oberwart (Burgenland), études de droit, 1971, professeur de sciences politiques à l'université de Salzbourg, depuis 1980, professeur de sociologie à l'université de Vienne.

Peter Michael LINGENS, né en 1939 à Vienne, journaliste de quotidiens autrichiens. Cofondateur en 1970, du magazine d'information *Profil* dont il est actuellement éditeur et rédacteur en chef.

Konrad LORENZ.

Irene PAPADAKI, née en 1945 en Crète, études de philosophie, d'histoire et d'archéologie, assistante scientifique à l'université de Ioannina (Grèce). Séjours de recherches à l'université de Bâle et à la London School of Economics.

Alexander PETROVIC, né en 1925, études de médecine, séjours de recherche au Canada et aux USA, professeur de physiologie à l'université de Strasbourg depuis 1976.

Karl R. POPPER.

Gerard RADNITZKY, né en 1921 à Znaim (Tchécoslovaquie), études de philosophie, de psychologie et de pédagogie, à partir de 1972 professeur de philosophie à l'université de Bochum, professeur d'épistémologie à l'université de Trèves depuis 1976.

Rupert RIEDL, né en 1925 à Vienne, études de médecine, d'anthropologie et de biologie, à partir de 1960 professeur de zoologie à l'université de Vienne, à partir de 1965 professeur à l'université de Caroline du Nord, de retour à l'université de Vienne depuis 1971.

Franz SEITELBERGER, né en 1916 à Vienne, études de médecine, thèse de doctorat de neurologie en 1954, depuis 1959 professeur de neurologie à l'université de Vienne, depuis 1970 directeur de l'institut pour la recherche sur le cerveau de l'Académie des sciences autrichienne.

Roman SEXL, né en 1939 à Vienne, études de physique, en 1962, à l'Institute for Advanced Study de Princeton, professeur de physique dans différentes universités des USA de 1963 à 1968, à l'université de Vienne depuis 1969, décédé à Vienne en 1986.

Ivan SLADE, né en 1948 à Londres, études de physique, Research Fellow à la London School of Economics et assistant de Karl Popper.

Gerhard VOLLMER, né en 1943, études de mathématiques, de physique, de chimie et de philosophie, professeur au Zentrum für Philosophie und Grundlagen der Wissenschaft de l'université de Giessen depuis 1981.

Friedrich WALLNER, né en 1945 à Weiten (Basse-Autriche), études de philosophie, de psychologie, de philologie classique, de germanistique et de pédagogie, enseignant de philosophie à l'université de Vienne depuis 1981.

Paul WEINGARTNER, né en 1931 à Innsbruck, études de philosophie, de physique, de mathématiques, de psychologie et de pédagogie, professeur de philosophie à l'université de Salzbourg depuis 1971.

Chez le même éditeur

Livres et collections scientifiques

Nouvelle Bibliothèque Scientifique

Collection dirigée par Louis Audibert

Dernières publications

Armand Delsemme, *Les Origines cosmiques de la vie.*

Stephen Hawking, *Une brève histoire du temps. Du big bang aux trous noirs.*

Motoo Kimura, *Théorie neutraliste de l'évolution.* Préface de Jacques Ruffié.

Simon Le Vay, *Le cerveau a-t-il un sexe ?*

G.E.E. Lloyd, *Raison, magie et expérience. Origines et développements de la Science grecque.*

Georges Lochak, *La géométrisation de la physique*

Georges Lochak, Simon Diner, Daniel Fargue, *L'Objet quantique.*

Benoît Mandelbrot, *Les Objets fractals,* 3e éd., suivi de *Survol du langage fractal.*

Ilya Prigogine, *Les Lois du chaos.*

Ladislas Robert, *Les Horloges biologiques.*

Jacques Ruffié, Jean-Charles Sournia, *Les Epidémies dans l'histoire de l'homme. De la peste au sida.*

Franco Selleri, *Lr Grand Débat de la théorie quantique.*

Georges Smoot et Keay Davidson, *Les Rides du temps. L'Univers, trois cent mille ans après le big bang.*

Ian Stewart, *Dieu joue-t-il aux dés ? Les mathématiques du chaos.* Préface de Benoît Mandelbrot.

Christopher Wills, *La Sagesse des gènes. Nouvelles perspectives sur l'évolution.*

Collection

FIGURES DE LA SCIENCE

Louis DE BROGLIE par Georges Lochak.

EINSTEIN par Jacques Merleau-Ponty.

LAVOISIER par Bernadette Bensaude-Vincent.

NEWTON par Richard Wesfall

A paraître en 1995

DARWIN par Peter Bowler

HUBBLE par Igor Novikov et Alexander Sharov

VON NEUMANN par Dominique Pignon

La Nouvelle Physique

Sous la direction de

Paul Davies

Professeur de Physique théorique
de l'Université d'Adélaïde

Textes traduits de l'anglais
par
Françoise Balibar et Vincent Fleury

voir sommaire page suivante.

Sommaire

Liste des auteurs

Alastair D. Bruce
Department of Physics, James Clerk Maxwell Building, University of Edinburgh, Mayfield Road, Edinburgh EH 9 3JZ, G.-B.

Frank Close
Nielsen Physics Laboratory, University of Tennessee, Knoxville, TN 37996-1200, USA and Rutherford Appleton Loboratory, Chilton, Didcot, OX11 OQX, G.-B.

Paul C.W. Davies
Department of Physics and Mathematical Physics, The University of Adelaide, GPO Box 498, Adelaide, South Australia 5001, Australie.

Joseph Ford
School of Physics, Georgia Institute of Technology, Atlanta, GA 30332, USA.

Howard M. Georgi
Department of Physics, Harvard University, Cambridge, MA 02138, USA.

Alan H. Guth
Department of Physics, Massachusetts Institute of Technology, Cambridge, MA 02139, USA.

Stephen W. Hawking
Department of Applied Mathematics and Theoretical Physics, University of Cambridge, Silver Street, Cambridge CB3 9EW, G.-B.

Chris. J. Isham
The Blackett Laboratory, Imperial College of Science and Technology, Prince Consort Road, London SW 7 2BZ, G.-B.

Peter L. Knight
Optics Section, The Blackett Laboratory, Imperial College of Science and Technology, Prince Consort Road, London SW 7 2 BZ, G.-B.

Anthony J. Leggett
Department of Physics, University of Illinois at Urbana-Champaign, 1110 W. Green Street, Urbana, IL 61801, USA.

Malcolm S. Longair
Cavendish Laboratory, University of Cambridge, Madingley Road, Cambridge CB3 OHE, G.-B.

Gregoire Nicolis
Service de Chimie Physique, Code Postal 231, Campus Plaine ULB, Boulevard du Triomphe, 1050 Bruxelles, Belgique.

Abdus Salam
Imperial College of Science and Technology, Prince Consort Road, London SW 7 2BZ, UK, and International Centre for Theoretical Physics, POB 586, Miramare, Strada Costiera 11, 34100 Trieste, Italie.

Abner Shimony
Department of Physics, Boston University, 509 Commonwealth Avenue, Boston, MA 02215, USA.

Paul Steinhardt
Department of Physics, University of Pennsylvania, 209 South 33rd Street, PA 19104, USA.

John C. Taylor
Department of Applied Mathematics and Theoretical Physics, University of Cambridge, Silver Street, Canbridge CB3 9EW, G.-B.

David J. Thouless
Department of Physics, FM-15, University of Washington, Seattle, WA 98195, USA.

David J. Wallace
Department of Physics, James Clerk Maxwell Building, University of Edinburg, Mayfield Road, Edinburgh EH9 3JZ, G.-B.

Clifford M. Will
Department of Physics, Washington University, St Louis, MO 63130, USA.

LES SCIENCES DANS LA COLLECTION CHAMPS

BARROW
La Grande Théorie.

BITBOL
L'Aveuglante Proximité du réel (inédit).
Mécanique quantique.

BROGLIE
Nouvelles perspectives en microphysique.
La Physique nouvelle et les quanta.

BRUNHES
La Dégradation de l'énergie.

CAVALLI-SFORZA
Qui sommes-nous ?

CHAUVET
La Vie dans la matière.

COUTEAU
Le Grand Escalier. Des quarks aux galaxies.
Les Rêves de l'infini.

CREVIER
À la recherche de l'intelligence artificielle.

DACUNHA-CASTELLE
Les Chemins de l'aléatoire.

DAVIES
Les Forces de la nature.

DELSEMME
Les Origines cosmiques de la vie.

DELSEMME, PECKER, REEVES
Pour comprendre l'univers.

DELUMEAU (PRÉSENTÉ PAR)
Le Savant et la foi.

DENTON (Derek)
L'Émergence de la conscience.

DENTON (Michael)
Évolution. Une théorie en crise.

DINER, LOCHAK, FARGUE
L'Objet quantique.

DROUIN
L'Écologie et son histoire.

ECCLES
Évolution du cerveau et création de la conscience.

EINSTEIN
Comment je vois le monde.
Conceptions scientifiques.

EINSTEIN, INFELD
L'Évolution des idées en physique.

FRANCK
Einstein. Sa vie, son temps.

GELL-MANN
Le Quark et le jaguar.

GLEICK
La Théorie du chaos.

GRIBBIN
À la poursuite du Big Bang.
Le Chat de Schrödinger.

HAWKING
Commencement du temps et fin de la physique ?
Une brève histoire du temps.

HEISENBERG
La Partie et le tout.

HURWIC
Pierre Curie.

JACQUARD
Idées vécues.
La Légende de la vie.

KLEIN, SPIRO (DIR)
Le Temps et sa flèche.

KUHN
La Structure des révolutions scientifiques.

LEAKEY, LEWIN
Les Origines de l'homme.
La Sixième Extinction.

LLOYD
Les Origines de la science grecque.

LOCHAK
La Géométrisation de la physique.
Louis de Broglie. Un prince de la science.

LOVELOCK
La Terre est un être vivant.

MANDELBROT
Fractales, hasard et finance (inédit).
Les Objets fractals.

MERLEAU-PONTY
Einstein.

MINSTER
La Machine-Océan.

VON NEUMANN
L'Ordinateur et le cerveau.

NOTTALE
L'Univers et la lumière.

PERRIN
Les Atomes.

PICHOT
Histoire de la notion de gène (inédit).

PLANCK
Autobiographie scientifique et derniers écrits.
Initiations à la physique.

POINCARÉ
La Science et l'hypothèse.
La Valeur de la science.

POPPER
La Connaissance objective.

PRIGOGINE
Les Lois du chaos.

PRIGOGINE, STENGERS
Entre le temps et l'éternité.

REICHHOLF
L'Émancipation de la vie.
L'Émergence de l'homme.
Le Retour des castors.

ROBERT
Les Horloges biologiques.

ROSENFIELD
L'Invention de la mémoire.

RUFFIÉ
De la biologie à la culture.
Traité du vivant.

UFFIÉ, SOURNIA
Les Épidémies dans l'histoire de l'homme.

HWARTZ
Le Jeu de la science et du hasard. La statistique et le vivant.

LLERI
.e Grand Débat de la théorie quantique.

RRES
.es Origines de la géométrie.

APIRO
'Origine de la vie.

SMOOT
Les Rides du temps.

STENGERS
L'Invention des sciences modernes.

STEWART
Dieu joue-t-il aux dés ? (nouvelle édition)

TESTART
Le Désir du gène.
L'Œuf transparent (inédit).

THOM
Paraboles et catastrophes.
Prédire n'est pas expliquer.

TRINH XUAN
Un astrophysicien.

TUBIANA
Histoire de la pensée médicale.

ULLMO
La Pensée scientifique moderne.

WEYL
Symétrie et mathématique moderne.

WILLS
La Sagesse des gènes.

Achevé d'imprimer en Août 2000
sur les presses de l'imprimerie
Maury Eurolivres S.A. – 45300 Manchecourt

N° d'éditeur : FH131803
Dépôt légal : 4e trimestre.
N° d'impression : 00/07/81482

Imprimé en France